NUMEROLOGIA CÁRMICA
Conhecendo sua Missão de Vida

NUMEROLOGIA CÁRMICA

Conhecendo sua Missão de Vida

SUELI LUCCHI DI LEO

NUMEROLOGIA CÁRMICA
Copyright© Editora Nova Senda, 2017

Diagramação e capa: Décio Lopes
Revisão: Rosemarie Giudilli

DADOS DE CATALOGAÇÃO DA PUBLICAÇÃO

Di Leo, Sueli Lucchi

Numerologia Cármica – Conhecendo sua missão de vida/Sueli Lucchi Di Leo – 3ª edição – São Paulo – Editora Nova Senda, 2022.

Bibliografia.
ISBN 978-85-66819-15-1

1. Numerologia 2. Autoconhecimento I. Título.

Proibida a reprodução total ou parcial desta obra, de qualquer forma ou por qualquer meio, seja eletrônico ou mecânico, inclusive por meio de processos xerográficos, incluindo ainda o uso da internet sem a permissão expressa da Editora Nova Senda, na pessoa de seu editor (Lei nº 9.610, de 19.02.1998).

Direitos exclusivos reservados para Editora Nova Senda.

EDITORA NOVA SENDA
Rua Jaboticabal, 698 – Vila Bertioga – São Paulo/SP
CEP 03188-001 | Tel. 11 2609-5787
contato@novasenda.com.br | www.novasenda.com.br

Apresentação

O carma e a evolução da alma

Esse manual de estudos gira em torno dos números cármicos 13, 14, 16 e 19, da Numerologia Pitagórica com as lâminas da taromancia e com os números sincrônicos ou contínuos, 1111, 2222, 3333 etc., correlacionados com as pirâmides invertidas, portanto, representa um profundo conhecimento amarrado com a pseudociência da mente quântica e a metafísica indicando meios para a inteligência emocional.

Esse estudo de profundos aperfeiçoamentos visa conhecer e reconhecer onde alterar e modificar o motivo pelo qual o padrão comportamental limita a essência da conduta na rotina diária da missão de vida atual. Quando vivenciada a missão em desarmonia com limitações financeiras, profissionais, falta de fluidez dos objetivos, dores, doenças, relacionamentos conflitantes, enfim uma história de vida sem aprendizados dos pináculos para vencer os desafios de evolução, provavelmente a alma não evolui nessa encarnação.

Esse bloqueio pode ser conhecido no ponto exato onde a ocorrência teve seu início. Então, será um carma ou a falta de autoconhecimento? Percebamos que o entendimento de carma pode ser mais uma oportunidade da alma evoluir dentro dos obstáculos que a vida coloca à frente. Muitas vezes, a vida está mostrando em forma de números, coincidências, avisos, sonhos, visões, no nome e na data de nascimento, que é o momento de se concentrar na decisão de tomar as rédeas da própria vida.

Numerologia cármica e os números sincrônicos

A Numerologia Cármica entende que é involução ou ciclo não evoluído da alma quando os eventos ocorridos em um ciclo de 9 anos são repetitivos, ou seja, ocorrem os mesmos fatos destrutivos dentro de outro epiciclo de 9 anos, fato compreendido como a não evolução da alma.

O tempo faz e desfaz, se você tem visto números sincrônicos é momento de entender por que seu espiritual está lhe avisando para despertar.

Primeiramente, vamos entender o significado de um número sincrônico. É como uma sequência de números iguais, em linha horizontal. Definimos que para a Numerologia Cármica é uma vibração de números idênticos, sequencialmente, e que requer atenção quando os ciclos de vida são repetitivos, o que leva a crer que a vida não esteja fluindo de acordo com os talentos e habilidades na realização, ou seja, dos objetivos da motivação dos ideais da alma. Sendo assim, é forte a probabilidade de que esteja gerando seu próprio carma nessa essência atual com a motivação da alma desmotivada, e pode até paralisar os meios vivenciais, o que certamente gera patologias de fundo emocional por sentimentos tais quais: "para mim nada dá certo".

É possível transformar todas as energias desanimadoras ou ainda geradas de forma cármica em construtivas ou Dharmas. É preciso aprender a se melhorar, e o autoconhecimento é uma das fontes de inspiração para a motivação na essência da alma, a fim de aproveitar ao máximo os eventos de cada epiciclo sofrível em aprendizados.

Ousamos dizer que a energia que gera a transformação vem da fonte Divina, em forma de força de vontade, através do pensamento para um novo comportamento com ações pautadas na razão do espírito, motivado para as devidas reações positivas, que geram a fluidez nos caminhos do MVA, ou seja, na Missão de Vida Atual, que pode ser denominado Energia Diacrônica, aquela que acontece através do tempo. Especificamente nesse estudo, Diacromia representa as progressões em transformação com o tempo em frequências construtivas ou destrutivas.

Sincrônico significa ao mesmo tempo. É o estudo do fenômeno em determinado momento ou período. É simultâneo, coexistente, coincidentemente isocrômico, que é um estímulo produzido no cérebro, como respostas dos sons e tons exteriores com frequências próximas.

O estudo diacrônico deve explicar fenômenos sincrônicos.

Esse estudo neurocientífico da mente quântica está aqui transportado e considerado como pseudociência para a Numerologia Cármica dos números sincrônicos, estudo esse não comprovado cientificamente, mas espiritualmente, ou seja, o que não tem prática nem lógica, mas sentimento.

Quando algo nos chama atenção em algum momento da nossa vida, como uma sequência numérica – horário: 11:11, 23:23, números contínuos: 1111, 2222 ou números progressivos (crescentes e decrescentes): 1234, 4321 etc. –, é uma forma que nosso espírito tem de chamar a atenção aos acontecimentos naturais. A mente consciente entra na frequência dessa resposta externa, concomitante com o som e tons do cérebro, portanto, pode ser referido como um sinal do Mentor Espiritual para compreendermos como estamos vivenciando a nossa missão de vida neste plano, em nosso caminho consciente para com o espiritual que gera a harmonia do todo.

A Numerologia Cármica revela exatamente onde se encontram esses números sincrônicos, mesmo que você não perceba sinais de forma visível externa. As pirâmides invertidas do estudo do *Mapa Natal Cármico*, "MNC", assinalam exatamente em que posição de sua vivência é possuidor desses números sincrônicos. Contudo, com esse autoconhecimento inédito que nunca se imaginou ser possuidor e o alerta do espírito, se torna mais fácil vencer os obstáculos gerados por supostos carmas vivenciais no resgate do tempo de transformar os números cármicos *Sincrônicos*, destrutivos, em números construtivos, por aperfeiçoamentos, *Diacrônicos*.

Percebamos a forma que está conduzindo o comportamento com a personalidade que é a sua autoimagem; se está se boicotando nos talentos e nas habilidades ou se está exteriorizando as aptidões. Os números sincrônicos indicam também essa ocorrência de forma espiritual, portanto tenha a atenção se você visualiza os números sequenciais e se aparecem na avaliação das pirâmides invertidas nos tópicos correspondentes desse estudo de Numerologia Cármica.

Esse estudo não tem influência direta nas doutrinas e religiões. É Filosófico e metafísico.

Todas as orientações e aconselhamentos são para o aperfeiçoamento ou espiritualização, ou seja, para se melhorar na condução da rotina com a mente consciente racional, prática e lógica, de forma organizada e disciplinada de pensar e agir, o que aciona a inteligência emocional (IE). Esse estudo não se refere a doutrinas, religiões, crenças ou credos, mas sim ao comportamento com as aptidões nos caminhos da MVA, Missão de Vida Atual, com o espírito consciente e a alma realizada nos objetivos. Não retenha esse processo com pensamentos destrutivos.

Numerologia cármica — Análise terapêutica

A Numerologia Cármica é o estudo das vibrações numéricas interrelacionadas nas análises com a Numerologia pitagórica e os 22 arcanos maiores da taromancia. A finalidade do estudo é decifrar padrões dentro das possibilidades existenciais e metafísicas. O autoconhecimento é a fonte para o resgate das energias motivadas em todos os níveis existenciais para que seja recriada a nova essência nesta vida.

SAL – Luz e paz.

Sumário

Pitágoras e a evolução humana 13
As vibrações numéricas do Sistema Pitagórico 15

I. Numerologia é Pseudociência 21
O estudo 23

II. Numerologia Cármica 29
Análise do carma pelo nome completo 29
Tabela Pitagórica 30
As vibrações dos números 33
Vibração dos números mestres 39
Estudo da pirâmide invertida básica 47
Números cármicos – Numerologia e taromancia 51
Os números cármicos 53
Características vibratórias da numerologia cármica 57

III. O Dia de Nascimento – Dom Precioso 71
Acordo Cósmico de Nascimento 72
Plano de vida 111
Triângulo divino 111
Cálculos matemáticos 114
A pirâmide invertida da lição de vida – Missão da vida atual ... 116
Indicações de caminhos a seguir com a MVA 124
Desafios ou obstáculos 130
Cálculo e tempo de duração 132

12 | Numerologia Cármica – Conhecendo sua Missão de Vida

Tempo de duração dos desafios – Momentos decisivos *134*

Ano pessoal para a numerologia cármica *140*

Vibrações pessoais reduzidas do ano pessoal *142*

Mapa natal cármico *146*

Mapa natal cármico = MNC *149*

IV. Tabela de Interpretação para as Pirâmides Invertidas..... 153

Números sincrônicos ou contínuos *153*

O fundo da pirâmide básica *156*

Interpretação da frequência vibracional para o fundo de todas as pirâmides *157*

Análise para a pirâmide de ano pessoal *159*

V. A Profissão de Numerólogo 163

Ética profissional e legislação *163*

Formação de um profissional coaching da numerologia *165*

Palavra da autora 166

Bibliografia 167

Pitágoras e a evolução humana

A Numerologia é o princípio, a vida. Pitágoras, o pai da matemática, descobriu nos números os princípios universais.

Nascido por volta de 582 a.C., na Ilha grega de Samos, no Mar Egeu. Ainda jovem foi para o Egito, onde foi iniciado em certas doutrinas matemáticas. Estabeleceu-se em Crotona, no Sul da Itália, fundando a escola de mistérios Pitagóricos. De acordo com sua metodologia, os discípulos tinham de se familiarizar com quatro ciências fundamentais: Aritmética, Música, Astronomia e a Geometria. Platão foi seu seguidor.

Pitágoras ensinava que:

A evolução é a lei da vida; o número é a lei do universo; a unidade é a lei de deus.

Em sua interpretação, Pitágoras enfatizava que os números têm significado independentemente dos valores demonstrados pelos algarismos: os números representam qualidades; os algarismos representam quantidades. Os números operam no plano espiritual, enquanto os algarismos servem para medir as coisas no plano material.

Após ter visto nos números os padrões e as razões das explicações de todos os fenômenos naturais, Pitágoras revelou, então, que: *O número é a lei do universo que a evolução é a lei da vida, que a vida é unidade. A unidade é Deus.*

Esse ilustre filósofo deixou seu legado para a evolução humana. Entendeu que todos os seres deste plano são encarnados com sabedoria na alma, adquirida com a autossuperação dos desafios rotineiros, com as experiências das essências anteriores que podem ser representadas pelas vibrações energéticas de cada um dos nove números que formam a roda cíclica, progredindo sucessivamente, de forma espiral.

Os questionamentos encontram suas respostas no próprio interior, mas para se autoacessar é preciso, primeiramente, se conhecer e se autoaceitar como é. Toda numerologia está correlacionada com os ensinamentos Bíblicos Divinos.

A Divindade habita em cada ser.

Agradeço à Divindade que habita em mim.

As vibrações numéricas do Sistema Pitagórico

A Roda Cíclica apresenta, segundo Pitágoras, 9 números cujo teor vibratório representa características das inúmeras encarnações do indivíduo.

Número 1: Independência, individualidade. *O Planejador* – Pioneirismo, originalidade, criatividade, honestidade, ambição, determinação e pouca convencionalidade. Quem nasce sob a regência deste número é um líder e não um seguidor, saindo-se melhor com seu próprio negócio, gerente ou diretor. Procura levar uma vida bastante ativa. Deve tomar cuidado com as vibrações negativas do egoísmo, da presunção ou da preguiça.

Número 2: Paciente, diplomático e cooperador – *O sensível* – Sociável, trabalha melhor em grupos ou parcerias. Quem está sob a influência deste número precisa de apoio de amigos e familiares. É sociável, gentil e tem muita consideração pelas pessoas. Por isso, deve tomar cuidado para não se transformar em um indivíduo submisso, subserviente. Requintado, tem enorme bom gosto. Aprecia ficar em casa, na companhia de amigos. Pode parecer tímido à primeira vista, porém é apenas uma maneira de se proteger. Deve seguir sua intuição e tomar cuidado com as vibrações negativas da timidez, do medo de aceitar riscos e da depreciação de si mesmo.

Número 3: Criativo e expressivo. *O comunicador* – Versátil, energético, intelectualidade e otimismo fazem parte do significado deste número. Líder com o dom da palavra e grande capacidade de expressão. Também é amistoso, refinado e gosta das coisas caras. Tem sempre ideias novas, conseguindo resolver todos os problemas com facilidade. Deve tomar cuidado

16 | Numerologia Cármica – Conhecendo sua Missão de Vida

com as vibrações negativas da impaciência, excesso de crítica, ciúmes e intrigas.

Número 4: Prático, lógico, organizado. *O disciplinado* – Honestidade, sinceridade, seriedade, dignidade, paciência e consciência. Quem está sob a regência deste número assume todas as responsabilidades e acaba sendo requisitado para dar aos outros proteção e apoio. Gosta de ordem e regularidade, tanto no lar quanto em seu ambiente de trabalho. Deve ter cuidado com as vibrações negativas do autoritarismo, com a tendência a criticar demais, a mania de trabalho e desejar tudo à sua maneira.

Número 5: Ansioso e livre. *O curioso* –, gosta de movimento e evita a rotina. É ativo, inquieto, gosta de variedade, fazendo muitas coisas ao mesmo tempo. Pode ser intransigente em relação às leis e à ordem. Não gosta da rotina e se fascina com o que é novo. Atenção com as vibrações negativas de indulgência com sua própria sensualidade, vícios e irresponsabilidade.

Número 6: O Responsável e harmônico. *O ajustador de situações* –, nasceu para dar conselhos, fazer o bem para as pessoas, e por isso, ajuda a todos sempre que se faz necessário. Gosta que seu ambiente seja pacífico, harmonioso e confortável. É compreensivo, justo e promove a paz. Tende a não reconhecer os defeitos daqueles a quem ama. Atenção com as vibrações negativas de intromissão, insensibilidade e orgulho.

Número 7: Intelectual e inteligente. *Sabedoria e espiritualidade* – Misterioso e paciente, mas muito crítico e cético. Equilíbrio e intuição representam este número. Seu lema é a busca da verdade: estuda, analisa e quer provar fatos desconhecidos. Aprecia a leitura e conhecimentos gerais. Seus amigos são poucos, mas criteriosamente escolhidos. Deve ter cuidado com as vibrações negativas de melancolia, de autopreservação, de afastamento e preguiça.

Número 8: Energias para negócios. *O negociador –*, não é fácil ter este número por regência. O sucesso vem através do conhecimento. É preciso muita determinação para se obter a vitória material. Tem consciência de que precisa trabalhar duro para o bem de todos. Por ser uma pessoa grandiosa, é atraída para grandes negócios. Deve ter cuidado com as vibrações negativas de abuso do poder, avareza e extravagância.

Número 9: Amoroso e bondoso. *O altruísta –*, ajuda sem olhar a quem, mas muitas vezes aguarda o retorno da ajuda e quando não ocorre se sente frustrado. Todos esperam muito desse tipo de indivíduo. É tolerante, compreensivo, inspira confiança e é um ótimo conselheiro. Fica desapontado quando as pessoas não alcançam a perfeição que espera delas. Durante a vida, passará por muitas experiências reveladoras. Deve estar atento às vibrações negativas de indelicadeza, falta de ética e vacilação.

Os números 11 e 22, apresentados a seguir, são considerados números mestres:

> *... são energias capitais que exigem grande esforço das vibrações a qual se reduz, para que toda essa intensidade seja evitada de se transformar em negatividades.*
>
> *O ideal é aprender a vivenciar a construtividade das capacitações da redução e gradativamente se beneficiar da elevada vibração dos potenciais dos números mestres. Por quê? Os números de potenciais mestres são de fortíssima influência construtiva que exigem um padrão de pensamento comportamental diferenciado do padrão comum. Se o indivíduo não aprender com as experiências da vibração redutora de forma gradativa a se reconhecer para se possuir na capacitação de manifestar o padrão estimado da influência mestre, certamente, a vivenciará no destrutivo. O ego tenta chegar à frente do aprendizado da experiência.*

Será um carma o número mestre? Sim, um carma de fator emocional desta essência atual, se não forem aprendidas as lições construtivas da redução.

Número 11: Número mestre que potencializa a vibração a que se reduz. O desafio aqui é encontrar o equilíbrio. Quando harmônico, as luzes dos refletores se voltam para os seus portadores. Essa vibração capacita a inteligência, a perspicácia e a inspiração para metas de altíssimo padrão com ideias férteis inovadoras e motivadas. São pessoas refinadas e de bom gosto, com elegância e diplomacia no trato, chegam a se sobressair no que se propõem. O equilíbrio entre as forças materiais e espirituais os engrandece com tremenda percepção extrassensorial (PES), e o autoconhecimento que buscam para seus questionamentos interiores os eleva com um pensamento próspero porque conhecem as leis universais de causa e efeito, da casualidade da existência e a da conexão com o Criador. A vibração 11 representa o Grande Agente Mágico, que Eliphas Levi denomina "Luz Astral". Os alquimistas chamam o número 11 "Azoe e magnésio". É a força oculta e única, a chave de todos os poderes. Também está associado à ideia de dor que purifica, à restituição que redime e à tribulação que enaltece. O 11 é símbolo de transição e conflito, e de desafio a encontrar o equilíbrio.

Número 22: Denominado executivo altruísta – é um número de vibração materialista. Movimenta o intelecto de seu portador com altíssima habilidade e perspicácia capacitando-o ao trabalho planejado, prático, lógico e organizado, com disciplina. Ético e de moral, o indivíduo obtém sucesso ao se unir à sua percepção intuitiva com a lógica material. Seus passos são calculados e segue o que ouve em seu coração. Seu trabalho é de âmbito mundial, dirigindo organizações com responsabilidades e eficiência magnética e energética. Ao usar essa vibração de intensidade, de forma destrutiva, a inteligência e a organização se denigrem em capacitação a más ações nas comunidades (tráficos e terrorismos). Uma pessoa comum, que possua essa vibração sem que a esteja usando no potencial, sofre com as influências que são inseridas pela vibração de forma autodestrutiva com limitações materiais e bloqueios emocionais.

Os números mestres, 33, 44, 55, 66, 77, 88 e 99 não fazem parte do estudo da Numerologia cármica, mas sim da Numerologia Pitagórica profissional.

I

Numerologia é Pseudociência

Iniciamos este capítulo abordando a definição de Onomástica: uma ciência que trata da etimologia, transformação e classificação dos nomes próprios de todos os gêneros, e, devido a essa peculiaridade pode ajudar na compreensão mais acurada da Numerologia. E por essa razão, a Numerologia deveria ser considerada ciência, contudo não o é.

A Numerologia não é considerada ciência, nem tão pouco metodologia científica. Não se trata de adivinhação, mas de autoconhecimento do profundo Eu interior, independentemente. A Numerologia é número de crenças, rituais ou outro meio para as respostas conclusivas. A Numerologia é identificada pela academia das ciências como uma *Pseudociência*, ou seja, método organizado, uma ferramenta de trabalho, um instrumento para o aprendizado que recorre à *simbologia* dos *números*, ou à chave para desvendar os mistérios do nome para a vida harmônica do buscador do método e, que usa por meios as operações matemáticas para interpretar os *nomes próprios* em análise, de forma a predizer as características da *personalidade* interna e externa de um indivíduo.

A palavra "pseudo" significa "falso". A pseudociência parte de uma hipótese que geralmente possua apelo emocional e seja espetacularmente implausível, e a seguir busca somente os itens que a apoiem. Desprezam-se as evidências conflitantes.

De modo geral, a pseudociência visa racionalizar crenças fortemente arraigadas, ao invés de investigar ou testar possibilidades alternativas. A pseudociência se especializa em atingir conclusões "apropriadas" e espicaçar ideologias, ao apelar a ideias preconcebidas e difundidas. "A pseudociência é indiferente aos critérios para estabelecer evidência válida".

Sendo assim, a definição de Numerologia atenta para um método ou estudo do nome e da data de nascimento de um indivíduo, revelando os dados ocultos, aquilo que a pessoa não conhece de si própria. É uma ferramenta de trabalho terapêutico de autoajuda e de autoconhecimento. É fonte de sabedoria. *Conheça-te a ti mesmo e o mundo te reconhecerá.* É a chave para desvendar os mistérios do nome e data de nascimento para a vida harmônica do buscador do método, datado de mais de 5.000 anos, tão mais profunda do que simples cálculos matemáticos.

A Numerologia orienta os caminhos, mas não tem a pretensão de mudar quem quer que seja, ficando a critério de cada indivíduo atuar diariamente com seu temperamento na consecução de suas metas, vencendo dia por dia todos os obstáculos com os talentos já evoluídos na alma. A Numerologia:

- Revela momentos da vida, ciclos em andamento, com as tendências e as probabilidades de acontecimentos de acordo com as vibrações pessoais de cada indivíduo.

- Direciona a missão e as oportunidades que cada um abre para si com seus talentos e habilidades expressivas.

- Orienta o processo evolutivo inconsciente para a atração de melhores situações, oportunidades e pessoas e nas resoluções das questões bloqueadas na mente reativa, racional e consciente.

- Promove o impacto na sociedade com os talentos e como usar a vocação com a conduta na rotina diária.

- Ensina como vencer os obstáculos com o temperamento individual do Eu Potencial ou a motivação dos ideais do inconsciente para se autossuperar nos desafios ou bloqueios na rotina diária.

O estudo

O estudo da Numerologia Cármica é dependente das noções básicas da Numerologia Pitagórica e da Taromancia.

O que é Tarologia e a Taromancia? Afinal, o que é tarot?

A Tarologia estuda os símbolos, a estrutura, a filosofia, a história do tarot, suas lendas e mitos. Tem caráter racional; estuda o tarot em sua estética, os atributos de cada arcano, suas manifestações, significados, seus parâmetros estruturais e todas as possibilidades de interpretação.

A Taromancia estuda os arcanos, os métodos, as orientações e os jogos de tarot. Tem cunho intuitivo e trata do uso do tarot tal qual oráculo, pois o tarot não é um oráculo só de previsão do futuro, mas sim uma ferramenta de meditação e autoconhecimento, que usa técnicas específicas de interpretação baseadas na intuição. Devido a isso despertou o interesse de pesquisadores sérios, principalmente psicoterapeutas, que consideram as cartas um complexo sistema de autoconhecimento.

O que é Tarot: É uma ferramenta para o crescimento pessoal. É autoconhecimento. É autoajuda, não se pode ao certo definir como, onde, e quando ele surgiu. Existem vertentes que o situam no século XIV, há outras que acreditam ser um legado dos antigos egípcios. O tarot clássico possui 78 cartas organizadas em dois grupos de arcanos (Mistério, Segredo), designados maiores e menores.

Os arcanos maiores constituem o conjunto principal de 22 das 78 cartas do tarot, dispostas em 21 cartas numeradas, mais uma sem número, e todas contêm nome e símbolos que formam uma cadeia evolutiva e sequencial que vão da carta número Um que representa "o mago" até a Vinte Um "o mundo", e entre elas a carta sem número "0", o louco.

Apresentamos a seguir, as lâminas dos arcanos maiores, base para a Numerologia Cármica.

Antes de continuarmos nossa explanação é importante informar o que vem a ser um Carma.

Carma é uma palavra de origem sânscrita que significa ação, portanto Carma é o resultado de cada ação que poderá ser boa ou má. O Carma consiste na alquimia da vida, meio pelo qual o futuro individual é delineado pelo poder individual de transformar em fluidez o que está bloqueado.

Particularmente, acreditamos que ter um Carma é uma bênção, ou melhor, é mais uma oportunidade nesta vida de expiar as faltas cometidas com ações que transformam a dívida de outras vidas ou erros do passado em construtividades, em boas ações nesta vida, ou seja, os carmas se transformam em Dharmas.

Será um carma o bloqueio emocional?

Sim, será se houver repetição das situações idênticas de epiciclo a epiciclo, ou seja, dentro do tempo de 9 anos. Caso ocorram os mesmos fatos ou repetitivos erros dentro de um epiciclo, independentemente do ano pessoal, é sinal que não houve evolução, pois o indivíduo não aprendeu com as experiências, não fez a alquimia da vida, portanto as emoções continuam desarmonizadas. É importante lembrar que a formação de um Carma vem das próprias ações, já que são poucas as influências dos fatores externos da predominância e da forma de pensar e manifestar as reações.

O homem, a metafísica e a numerologia

Comecemos, abordando a definição de Metafísica.

- *Meta:* prefixo que vem do grego e significa além. É ter um objetivo definido e almejá-lo.

- *Física:* é uma ciência que estuda a natureza, e busca compreender os comportamentos naturais e gerais; observa as relações e propriedades e procura explicar as consequências.

Por sua vez, Metafísica é uma palavra oriunda do grego que significa comprovar cientificamente o que está além da física (ou das explicações naturais das consequências), aplicada ao ser humano. É um conhecimento da essência do ser, do mais profundo Eu interior, ou seja, da forma de pensar, agir e manifestar e das consequentes reações tanto físicas e materiais quanto mentais e emocionais. O afetivo e os sentimentos desarmônicos são reações do pensamento comportamental. Na metafísica impera uma das leis universais, provavelmente a mais complexa, do tipo: *Colherás aquilo que plantas, construtiva ou destrutivamente*; a atitude é o fato.

A metafísica abrange todos os setores vivenciais: os fatores internos e os externos do ser. Até uma ocorrência do dia a dia, como por exemplo, bater a lateral do carro, tem uma explicação metafísica! É a atração pessoal daquele momento de vida, do que está irradiando. É difícil crer no que se refere, mas ao mesmo tempo é importante esse autoconhecimento a fim de compreender como se melhorar, gradativamente, na forma do pensamento e do comportamento.

O estudo da Numeroterapia nos ensina como agir em cada momento de vida, o que é melhor para atrair e o que deve ser descartado.

Em relação à saúde, a Numeroterapia é um conhecimento que indica causas das doenças adquiridas e somadas às emoções, que também podem ser chamadas de autoimunes por reações internas e por fatores externos. É possível conhecer esses obstáculos através dos cálculos dos desafios da data de nascimento, motivo de nosso estudo cármico, e detectar os desequilíbrios na saúde por desarmonias emocionais em cada ciclo de um epiciclo, ou seja, em cada ano pessoal dentro do epiciclo de 9 anos.

Metafisicamente, as ocorrências são reveladas por circunstâncias de cada momento de vida. O emocional seria como uma taça que se enche com a soma dos fatos internos e externos. Se não houver a desfragmentação ou esvaziamento, a taça despeja no corpo, em forma de doenças, exatamente no momento de vida mais vulnerável, metafisicamente, aquela ocorrência. Assim é a mente que a metafísica revela e, que ninguém desse fato tem como fugir.

II

Numerologia Cármica

A Numerologia Cármica é a identificação das vibrações atuais oriundas das ações de vidas anteriores. É o estudo do percurso espiritual da alma (Idealidade, número do coração ou personalidade interior), traçado para a vida atual.

A Numerologia indica tendências de acontecimentos. Revela as influências e qualidades na expressão dos talentos e habilidades para o livre-arbítrio em relação ao caminho que leva ao destino ou à missão de vida.

Análise do carma pelo nome completo

As desarmonias nos planos materiais físicos e mentais têm origem nas emoções. Essa, gerada na inconsciência onde habita o Eu potencial, pode ser de um processo não evoluído, uma falta da experiência do aprendizado ou ainda uma situação carmática. Portanto, para essa análise metafísica da origem dos obstáculos, tenha em mente o número da soma das vogais do nome completo, e para as mulheres, o nome de solteira.

Considera-se o número da alma, que é a soma das vogais, de elevada importância para analisar se a pessoa possui um carma. É na inconsciência que a evolução está contida em forma de aprendizados, desta vida ou de essências anteriores; talentos e habilidades. É o que já está pronto dentro da mente.

Utilizemos a tabela pitagórica para dar os valores energéticos às vogais do nome completo. Em seguida, utilizemos a mesma tabela para dar os valores energéticos às consoantes do nome completo.

Agora, vamos efetuar a soma das vogais + as consoantes. Observemos o roteiro.

Tabela Pitagórica

1	2	3	4	5	6	7	8	9
A	B	C	D	E	F	G	H	I
J	K	L	M	N	O	P	Q	R
S	T	U	V	W	X	Y	Z	

Esquema de preenchimento para os valores energéticos — Raciocínio matemático

Vamos seguir o exemplo: Maria Aparecida (Aparecida neste exemplo é sobrenome).

Nome	M	A	R	I	A	A	P	A	R	E	C	I	D	A	Soma
Vogais		1		9	1	1		1		5		9		1	28/1
Consoantes	4		9				7		9		3		4		36/9
Total	4	1	9	9	1	1	7	1	9	5	3	9	4	1	64/10/1

O que podemos compreender desta soma é que as vogais representam o *número da motivação dos ideais de vida* ou *personalidade interior*.

No exemplo citado, a vibração 28 reduz-se a 2+8=10, e 1+0=1. O número 1 significa o que já é na mente.

A *soma das consoantes* é o número da personalidade exterior ou autoimagem.

No mesmo exemplo, a vibração é 36 que reduzida obtém-se 3+6=9. O número significa o que se deseja revelar ao mundo, o caráter.

A *soma total* é o número da expressão dos talentos e das habilidades de Maria Aparecida.

Então, vejamos: no exemplo, o número 64 reduz-se a 6+4=10, 1+0=1 revelando talentos e aptidões para cumprir a missão ou o plano de vida, de acordo com o livre-arbítrio.

- *Observação: os números mestres 11 e 22 não devem ser reduzidos.*

É importante salientar que antes de se conferir as características pessoais de cada vibração da decodificação de cada parte do SER, é necessário conhecer o fundamento do estudo da Numerologia Cármica:

O número da *motivação dos ideais da Alma* e a soma das vogais revelam o que já é dentro de si no Eu potencial e que traz evoluído na inconsciência; e que esse talento forte deve ser usado para as realizações do plano atual.

Os *bloqueios emocionais contidos na alma* ou *na inconsciência*, onde não se tem acesso racional, desarmonizam os talentos e ou habilidades do Eu potencial desenvolvidos e evoluídos em vidas anteriores. Caso as aptidões não fluam nesse plano pode ser considerado um bloqueio ou ainda um Carma a ser investigado através da pirâmide invertida. Essa investigação é uma forma de se obter respostas dos motivos que levam ao bloqueio emocional.

Metafisicamente, as vibrações numéricas do *número do coração*, *da alma* ou *motivação dos ideais de vida*, ou seja, é o que está inserido e evoluído na alma, o que já é revelador em função do que pensa, sente e age de forma construtiva e progressista. Os ideais ou motivações evoluídos da alma influenciam a realização dos sonhos e objetivos ou a construtiva fluidez.

Sem o autoconhecimento, o pensar destrutivo, sem fluidez, gera a psicossomatização ou bloqueios emocionais e o desenvolvimento das patologias clínicas ditas doenças, metafisicamente, de acordo com a sensibilidade de cada individualidade.

O *número da personalidade* ou *da autoimagem* revela como o indivíduo porta-se perante o social, como manifesta as ações com a mente racional lógica e prática, a consciência, e o que deseja revelar ao mundo, fato que também gera bloqueios ou carmas de acordo como reage aos fatores externos.

O *número da expressão* é fundamental e revelador dos talentos, aptidões e habilidades do portador e devem ser utilizados na missão divinamente destinada para as realizações nesse plano de vida. É o próprio destino que cada um expressa com o livre-arbítrio.

Características pessoais das vibrações de motivaçao ou ideais da alma – personalidade ou aparência e expressão ou destino do livre-arbítrio.

Quando as vibrações se repetem nos números principais do método Pitagórico, significa que ocorre acentuada característica e que a vivência poderá ser transparente ou não. Exemplo: motivação 1 e personalidade 1 significa o que já é e traz para essa vida aprendizados da inconsciência e revela, flui ou exterioriza com a autoimagem do caráter.

Lembramos que são 6 os números principais do método de Pitágoras: motivação, aparência, expressão, lição de vida, dia de nascimento e o número do poder.

- *Observação: Autoconhecimento dos pontos fortes e dos pontos fracos. A importância de se autorreconhecer com pelo menos 3 dos números principais do método pitagórico; motivação, personalidade e expressão. Perceba em si próprio ou entenda que os defeitos que são considerados destrutivos devem ser melhorados e transformados em virtudes, a fim de que gradativamente se renove e flua na rotina diária, pois é no dia a dia que se vencem os desafios e se aprende com as experiências.*

As vibrações dos números

Vibração 1: Essa energia na motivação ou número da alma revela um *Lider Inato* – Independentemente, odeia restrições e deseja sentir-se livre com a individualidade e a própria necessidade de exercer a vontade com força dominante em qualquer grupo a que pertencer, com orientação e instinto pioneiro e autoafirmação. Esse líder inato, sempre em busca de renovação e novas experiências. Poderá sentir solidão em certos aspectos, pois seu positivismo tende a alienar a todos. Tende a manter as decisões livremente, sem levar em consideração a opinião dos outros. As qualidades de liderança o mantém em destaque com ciência das responsabilidades com os que dirigem.

Construtiva a vibração 1: Possui o intelecto de forma original e desenvolvido com a mente sagaz, criativa e expressiva.

Destrutiva a vibração 1: O ego é dominante e arrogante, egoísta e sem consideração pela opinião dos outros. É teimoso e segue caminhos sem planejamentos, com ansiedade e impulsos, o que provavelmente gera os fracassos e a solidão.

Vibração 2: De natureza meiga e gentil é consciente e adquire experiências colaborando com diplomacia. Mediador e pacificador é bem recebido e popular, mas prefere permanecer nos bastidores com reservas e indiscrições. Muitas vezes, por inseguranças, evita a tomada de decisões. Essa qualidade poderá ser uma obrigação, mas eventualmente se transformará num recurso, tornando-a um árbitro. Sua habilidade de ver ambos os lados de uma situação, unida à sua sinceridade, é uma combinação vencedora por reflexão e simetria, o que lhe permite a expansão da criatividade com atenção aos detalhes.

Construtiva a vibração 2: É habilidosa na resolução amigável de conflitos, é o poder por trás das lideranças.

Destrutiva a vibração 2: É negativa, falta autoconfiança ao seu portador e, portanto, é indeciso e medroso na hora de tomar decisões. Pode ser enganador e ter duas faces. Demasiado sensível, deprime-se facilmente, caso seu meio ambiente não lhe agrade.

Vibração 3: De poder atrativo é um artista na conversação e criatividade. Adora novas experiências, viagens, os prazeres da vida, as pessoas e a vida social.

Investiga as novas oportunidades em variados interesses que tornam os seus pensamentos amplamente abrangentes. A necessidade dessa vibração é de autopromover, de roubar o show e de ser reconhecido e apreciado. É uma borboleta social que ama o brilho como o Sol. Odeia o confinamento e os trabalhos burocráticos.

Construtiva a vibração 3: Abre oportunidades com as criações artísticas e a comunicação especulativa através dos meios sociais.

Destrutiva a vibração 3: Faz tudo de modo exagerado: comer, beber, amar, viver e aumentar dramaticamente as situações com amizades superficiais, valorizando o supérfluo. Não assume responsabilidades, dispersa energias para todos lados ao mesmo tempo e tende a ser intrigante. A melancolia é um fator presente, por se autocriticar.

Vibração 4: Construtor, disciplinado, organizado e trabalhador. Essa vibração tende a limitar em função da segurança e estrutura, que dá forma à vida rotineira. Prático, lógico e eficiente, é capacitado a criar e produzir o que é tangível com resultados. Convencional às tradições, é honesto, confiável e constante com muita responsabilidade. Arregaça as mangas sendo "pau para toda a obra". Sua necessidade é de um alicerce sólido para segurança material. Cauteloso e popular. Controlador, exerce domínio e mantém-se nas leis com moral. Habilidoso, com o discernimento e avaliador.

Construtiva a vibração 4: Possui o raciocínio sadio com trabalho árduo e a perseverança de modo tangível.

Destrutivo a vibração 4: É trabalhador fanático e austero com mesquinhez e tirania, sendo limitado devido à teimosia e temerosa necessidade de segurança material.

Vibração 5: Ansioso e impulsivo, irrequieto e aventureiro com necessidade de liberdade absoluta; ama as viagens, as experiências, a exploração e as pesquisas. Versátil e inteligente, adaptável e criativo. Eficiente, odeia a rotina, trabalha com interesse se o foco desperta a atenção para a concentração.

Construtiva a vibração 5: É pessoa energética com capacidade comunicativa e criativa sem limites. Não age pela emoção, mas sim pela razão. O cuidado é com a explosão de temperamento, mas se recupera rapidamente. A energia é nervosa e a mente é rápida e sagaz com reações instantâneas que, por vezes, dão origem a decisões impulsivas, e tende a ser impaciente com as pessoas que reagem mais lentamente. Odeia trabalhos manuais, e seus caminhos profissionais tendem a usar a agilidade mental. Poderá também ser uma mediadora, uma pacificadora e intermediária, pois sua mente realiza a necessária ginástica mental com rapidez e chega às conclusões. Progressista, altera rumos e padrões de acordo com o rumo dos ventos. Inicia novos estudos quando sente intuitivamente a necessidade de aperfeiçoamentos com muita concentração.

Construtiva a vibração 5: É tolerante com desenvolvimento mental, intuitivo e escolhe o caminho que proporciona as respostas que busca. Entusiasta e versátil, tem jogo de cintura e age com audácia. As habilidades desenvolvem as forças psíquicas que permitem que a vibração 5 tenha sabedoria nas conclusões.

Destrutiva a vibração 5: Vivencia o superficial plano físico, satura os sentidos com álcool, drogas, sexo, aventuras, comida e conforto, agindo falsamente com egoísmo, extravagância, irresponsabilidades, mentindo, confundindo, desperdiçando seus talentos inatos de comunicação.

Vibração 6: A paz e a harmonia são a felicidade dessa energia doméstica, artística e criativa que ama a beleza, a simetria, as artes e a música. De habilidade analítica e lógica resolve as questões no foco. Conselheiro e com refinado bom-senso, é perceptivo. Sagaz, honesto e íntegro, ajusta situações onde outros encontram conflitos. Responsável, é cumpridor das promessas e obrigações. Rotineiro e convencional, ama o lar, os filhos, valoriza os pais e toda a família, proporcionando conforto. Ótimo anfitrião, gosta da casa cheia.

Construtiva a vibração 6: Vivencia com justiça a força para o bem com alegria, beleza, harmonia e saúde, valorizando a fé e o próximo. É um porto seguro.

Destrutiva a vibração 6: É um indivíduo muito obstinado, escravo dos melodramáticos entes queridos, tornando-se recluso em sua própria casa, sentindo-se mártir, triste, lamentando-se e se perdendo na autopiedade. O ciúme e a possessividade por inseguranças fazem parte da autopiedade.

Vibração 7: Pessoa metódica de natureza filosófica é introspectiva e crítica. Inteligente e espiritualizada com a virtude do perfeccionismo e da qualidade, costuma ser cética até a aprovação do que desejar sentir. É ciente de que cada individualidade possui as próprias energias, o que é de um pode não ser bom para o outro. Convencional, mantém o ritmo e não aceita ideias. O misticismo lhe atrai e pertence ao seleto grupo intuitivo e psíquico de forma marcante. A mente e o pensamento são suas forças, e a imaginação corre livremente. A poesia, a criatividade e a música fazem parte de seu relaxamento e elevam seu espírito. Isola-se de barulho e multidões; a preferência é pelo campo e ama a natureza. Meditação, muita reflexão é seu guia e não age por impulsos. Pessoa determinada, não se apega a crenças religiosas, não lhe oferecem substância espiritual. A alma dessa vibração é energética, sábia, perceptiva com discernimento, prefere filosofias e estudos de preenchimento para a sabedoria do espírito. Alguns de vibração do 7 são encontrados nos altos escalões da igreja ou como líderes em círculos místicos. Intelectual, tem gosto por viagens e outras culturas que absorvem rapidamente os conhecimentos.

Construtivo a vibração 7 – É harmônico, usa a inteligência, a sabedoria e a intuição para o bem. Ama a calmaria do campo, a comodidade com atmosfera digna e conservadora. De elevado senso cívico e de moral, é altruísta e tem compaixão.

Destrutivo a vibração 7 – É melancólico, frustrado, viciado em drogas, bebidas, usa a percepção para as más intenções, é cético e muito crítico a ponto de ser ignorante.

Vibração 8: Materialista, finca os pés no chão e negligencia o espiritual. O poder que lhe é de agrado e somente será efetivo ao se organizar com a disciplina no trabalho, nas regras de planejamentos com foco, lógica e aperfeiçoamentos. Determinação e força de vontade devem fazer parte de sua natureza executiva ou de grande chefe austero e frio, emocional e impaciente. Desembaraçado, ambicioso com bom conhecimento e astuto tino comercial, poderá se tornar um sucesso no mundo empresarial.

Inspirada, essa vibração traz ao seu portador o gosto por criar meios originais de se elevar profissionalmente em áreas de realizações materiais. É persistente e diplomático à medida do que interessa, inclusive em parcerias e matrimônio.

Construtivo a vibração 8: Conquista as realizações materiais honestamente, uni a capacidade geradora de sucesso material com a intuição perceptiva e o mundo espiritual, sendo filantropo e ajudando o próximo com sua natural organização e disciplina. Evita a austeridade e a imposição de general. Orgulha-se do lar e da família, é de moral e tem muitos amigos.

Destrutivo a vibração 8: É ganancioso, egoísta, desumano e egocêntrico, somente pensa em somar recursos financeiros de forma desonesta, passando por cima de tudo e todos que lhe estiverem à frente.

Vibração 9: Essa energia é de vibração dual na mesma proporção que é incondicional; pode ser o seu portador dependente emocional desarmonizado e desumano. Geralmente é mais amoroso. Altruísta, humanitário, bondoso que adora servir se despojando de si para servir o próximo. Perceptivo e de visão à frente do senso comum, é possuidor de potencial espiritual, misericordioso e criativo. Sabe ganhar os recursos próprios com a filantropia e deseja viver de acordo com as aspirações idealistas das responsabilidades mundiais. O portador dessa vibração passa por muitas provações. Tem gosto por conhecimentos que venham expandir o espírito; sua busca é por respostas a questionamentos de foro íntimo, e o desejo de liberdade das amarras emocionais é profundo. Quanto mais aprende mais é cobrado, e se não se preparar para a carga de responsabilidades que se põem às costas ocorre as frustrações e a descrença, pois muitos dessa vibração são socorristas e conselheiros que apontam caminhos, que sugerem direcionamentos.

Construtiva a vibração do 9: Compartilha com outros a sua sabedoria, tenta parcerias, mas sua solicitude com os problemas dos outros não permite a continuação dos objetivos materiais. Essa vibração precisa aprender a se desligar, desapegar dos problemas alheios, ajudar, mas deixar seguir, ensina e permite que os outros também aprendam a resolver as próprias questões.

Destrutiva a vibração do 9: É autoindulgente visando egoisticamente aos próprios valores. Torna-se incrédulo e desumano. Contrariado, é explosivo e vingativo com transtornos nervosos.

Vibração dos números mestres

Vibração do número mestre 11: Os números mestre potencializam a vibração do número o qual se reduzem. O número 11 vibra em potencial, mas devem também ser mantidas as características construtivas do número 2.

Com a vibração 11: O indivíduo é inspirado, iluminado com uma consciência universalista. A percepção é muito desenvolvida. A intuição é pronunciada. A mente é fértil na criatividade e na inteligência com habilidades de liderança. As qualidades e idealismos o tornam um visionário com compaixão e na maestria de servir ao próximo. Excelente educador, tem habilidades na comunicação com reconhecimentos. Com senso de justiça, é honesto e de moral. Provas e muitos desafios nas suas convicções exigem grande coragem para as realizações, mas enfrenta com planejamentos, ordem e organização sistemática. Sábio, se aventura na medida certa, mas quando excede à alta vibração incita-lhe modificar os caminhos. O estudo do oculto lhe fascina. A PES, percepção extrassensorial, com uma atividade metafísica e o estudo da filosofia inspiram a revelações do que lhe é enigmático, ou seja, o que consegue perceber e ver, extrafisicamente, o outros nem imaginam. Os refletores se voltam para sua pessoa e, capacitado a vibrar nesse elevado padrão, a fama e o reconhecimento serão todos seus. Se não vivenciar a energia do 11 então poderá vivenciar uma submissão, apenas a vibração do 2.

O 11 tem todas as habilidades para ser construtivo.

Destrutiva a vibração do 11: Seu portador prejudicará o próximo, pois usará a inteligência para criar malefícios, injustiças, vinganças.

O trabalho com o amor ao próximo é um caminho para a redenção.

Vibração do número mestre 22: O seu portador é afortunado e de elevado padrão energético. Pode ser experimentado na sua redução com a energia do trabalhador, disciplinado e rotineiro número 4.

A Vibração 22 gera executivos inteligentes, organizados, lógicos e práticos com muita intuição nas realizações materiais e filantrópicas que alcançam com recursos humanos a construção de um mundo melhor. Visionário e idealista o portador dessa energia é original com trabalho árduo e honesto, é um líder.

Construtiva a vibração do 22: Traz ao seu portador habilidades de comando fortes, com sabedoria e prática se revelando humanitário na formação de destinos, destacando-se em áreas que beneficiam a muitos.

Destrutiva a vibração do 22: Apresenta-se desorganizada para o seu portador, que possui dificuldades emocionais e trabalha mais que outros, mas é controlador e egoísta, uma vez que usa a inteligência para o mal, criando um tipo cruel e vingativo que pode destruir.

No estudo da Numerologia, os nomes são decodificados em partes. Assim, o primeiro nome classifica-se tal qual a Chave, pois se refere à revelação das experiências que a vida proporciona e que devem ser colocadas em ação com a personalidade exterior ou autoimagem. Ex. Sueli – consulte a tabela pitagórica. 1+3+5+3+9= 21/3 = 2+1=3 com 5 letras – Características das vibrações numéricas do sistema pitagórico do exemplo da chave simples: Número 3 = Criação e expressão. O comunicador, versátil, energético, intelectual e otimista fazem parte do significado deste número. Líder com o dom da palavra e grande capacidade de expressão. Também é amistoso, refinado e gosta das coisas caras. Tem sempre ideias novas, conseguindo resolver todos os problemas com facilidade. Deve tomar cuidado com as vibrações negativas da impaciência, excesso de crítica, ciúmes e intrigas.

Analisando-se também a vibração 5 da quantidade de letras da chave simples, observamos 3 com 5, mesmas características de movimentos de liberdade.

A influência maior da chave simples é no ciclo de formação. Período da infância e da juventude, até 27 anos do plano de vida, com a data do mês de nascimento, contudo, durante toda a vida terá a influência na personalidade; é o nome de impacto no âmbito social. A quantidade de letras dessa chave também determina características.

O segundo nome, ou chave composta, possui influência Cármica, mas um carma de boas ações. A soma dessa vibração do segundo nome da chave revela as lições aprendidas pela alma em outras essências ou alma evoluída, amadurecidas na inconsciência, tornando-se um Dharma, facilitando o dever de realizações de si para consigo próprio, compartilhando dessa sabedoria para o bem da humanidade.

Exemplo: Sueli Aparecida, o 2ª nome é revelador. Consulte a tabela = 1+7+1+9+5+3+9+4+1= 40/4 contém 9 letras. Observe 4 com 9, as discrepâncias vibracionais entre razão X emoção.

42 | Numerologia Cármica – Conhecendo sua Missão de Vida

Será que aqui pode estar contido um carma gerado por limitações desta essência ou vida atual?

Sim, a vibração 4 é prática e lógica, o 9 é emocional e humanitária. Enquanto o 4 prefere criticar sem ensinar, o 9 faz pelo outro. Mesmo que as atitudes da vibração 4 do segundo nome possam ser de controlador, que reclama e se faz de difícil por praticabilidade, ainda assim o portador dessa energia arregaça as mangas disposto a ajudar. Poderia ser uma verdade o meio-termo; ensine a pescar sem dominar ou carregar o fardo do outro.

Nesse caso, as características das vibrações numéricas do sistema pitagórico do exemplo da chave composta são iguais à energia do 4. Portanto, o Número 4 representa um indivíduo prático, lógico, organizado – O disciplinado. Honestidade, sinceridade, seriedade, dignidade, paciência e consciência marcam esse perfil. Quem está sob a regência deste número assume todas as responsabilidades e acaba sendo requisitado para dar aos outros proteção e apoio. Gosta de ordem e regularidade, tanto no lar quanto em seu ambiente de trabalho. Deve tomar cuidado com as vibrações negativas do autoritarismo, com a tendência a criticar demais, a mania de trabalho e desejar tudo à sua maneira.

Outro aspecto importante para o estudo da Numerologia refere-se à análise do sobrenome dos pais. Dos nossos pais herdamos as características físicas energéticas e o carma familiar. Os ancestrais podem estar trabalhando as limitações durante gerações. A alma encarna na família que se identifica com a energia que terá de desenvolver e vivenciar com as mesmas características energéticas.

Quando somos guiados para o autoconhecimento e aprendemos como lidar com os fatores determinantes dos próprios questionamentos que se apresentam como "cármicos", como uma doença que vem de geração a geração, o fardo é menos penoso, ocorre o desenvolvimento da alma e a cura do perispírito e, então, evoluímos para o próximo retorno, caso haja, e para a nossa descendência genética. Nesse sentido, a quantidade de letras do sobrenome tem as características próprias para análise.

A Numerologia Cármica detecta os pontos fracos do caráter que podem gerar situações conflitantes por falta do aprendizado evolutivo de outras vidas. Ou é carma por falta de talentos ou de excessos de habilidades não utilizadas nesse plano.

Para entender bem mais essa questão do carma, a *Grade das Potencialidades* é mais um instrumental de consulta.

Observemos na grade abaixo, o talento energético que está zerado, ou seja, das letras ausentes no nome conforme a tabela pitagórica. No exemplo, estão zeradas as vibrações 2, 6 e 8, o que significa que Maria Aparecida não possui esses talentos habilidosos evoluídos na alma, o que ocasiona a ela conflitos emocionais e cármicos. Ao mesmo tempo, ela possui excesso de talentos de liderança com 5 nuances de vibração "1" referentes à letra "A".

Mas, e esse excesso, pode também ser considerado um carma? Sim, pode ser um carma. E, então, partimos para o próximo questionamento: Será que Maria utiliza a liderança de que é possuidora para que com sua individualidade ela possa gerar sua independência material, afetiva e financeira, sendo possuidora de ausências de letras no nome ou falhas no caráter ou pontos fracos dos talentos 2, 6 e 8?

De acordo com a confecção dessa grade, no exemplo, Maria Aparecida possui 5 letras "A" de valor energético "1". (Tabela Pitagórica).

Siga o exemplo: Maria Aparecida = 14 letras

1	2	3	4	5	6	7	8	9
5	0	1	2	1	0	1	0	4
vermelho	laranja	amarelo	verde	azul	índigo	violeta	rosa	ouro

- *Nota importante:* Será considerado um carma ou uma falha de caráter a ausência da letra correspondente no nome se nos números principais não houver a mesma vibração. Nesse estudo, os números principais referem-se à idealidade, personalidade, expressão e lição de vida. No exemplo, Maria Aparecida possui 3 ausências de 2, 6 e 8 e nos números principais não possui essas vibrações, portanto é situação cármica e limitadora gerando bloqueios de conduta a ausência dessas vibrações.

Da mesma forma, o excesso de vibrações de uma mesma energia, no exemplo, a letra "A", de valor energético "1", gerou 5 nuances, é uma tendência dominante, mas um excesso considerável que poderá vir contra a habilidade ou o talento da liderança pela individualidade de Maria Aparecida, originando submissões quanto à independência.

Lembre-se de que tudo que estiver em excesso na vivência é de forte probabilidade de vir contra a energia qualificada.

Segue abaixo o significado referente à ausência de letras no nome, que resulta na revelação de falhas de caráter ou carma a ser resgatado por meio do aprendizado nessa essência atual.

Ausência do 1: Faltam as letras ASJ – Metafisicamente pode gerar doenças na coluna lombar, pés, pernas e intestinos. A cor ausente na aura é vermelha que desarmoniza a glândula suprarrenal por intenso estresse com o hormônio adrenalina, por ansiedade e nervosismos. Você deve estimular em si mesmo a independência, a ousadia, procurando desenvolver a originalidade e a afirmação de sua individualidade e personalidade única. Aprenda a ser o primeiro, atreva-se a algo novo. Evite egoísmo, prepotência, arrogância.

Ausência do 2: Faltam as letras BKT – Metafisicamente pode gerar doenças no sistema reprodutor, nos rins, sangue e coluna torácica. A cor ausente na aura é laranja, que desarmoniza os hormônios reprodutores. Você deve aprender a se colocar no lugar do outro desenvolvendo a sua consciência dos opostos. Deve aprender a cooperar, a ter tato e diplomacia. Aprenda a trabalhar em associações, o que fará com que aprenda a lidar com parcerias, e permita-se ficar em segundo plano algumas vezes. A ideia é aprender a cooperar e não se anular ou se desrespeitar.

Ausência do 3: Faltam as letras CLU – Metafisicamente pode gerar doenças abdominais, na coluna torácica, no baço, no pâncreas, no fígado e na vesícula. A cor ausente na aura é amarela, também ligado à comunicação, à expressão, portanto a garganta também deve ter atenção. A desarmonia gera problemas com o pâncreas e o hormônio insulina; deve ser aprendido a se autoexpressar. Aqui você deve saber lidar com a sua comunicação nem se fechando demais nem falando demais, fazendo críticas ou se envolvendo em intrigas. Espalhe alegria e otimismo por onde for. Cuide da sua aparência, seja mais sociável. Com equilíbrio, evite a superficialidade e a distração.

Ausência do 4: Faltam as letras DMV – Metafisicamente pode gerar doenças relacionadas com o coração e o sistema circulatório, os braços e a coluna torácica. As cores verde e rosa, ausentes na aura, podem gerar desarmonias no hormônio relacionado à glândula timo. Você precisa aprender a ser

46 | Numerologia Cármica – Conhecendo sua Missão de Vida

organizado, prático, paciente, perseverante e determinado. Cuide das finanças, trabalhe de forma estruturada, sistemática, assídua e disciplinada, buscando segurança e estabilidade. Evite a intransigência, a avareza.

Ausência do 5: Faltam as letras ENW – Metafisicamente pode gerar doenças relacionadas à garganta, órgãos reprodutores e coluna cervical. A ausência da cor azul-claro na aura pode desarmonizar a glândula da tireoide. Você precisa aprender a ter versatilidade e a se adaptar às mudanças. Estimule em si a liberdade em todos os sentidos: física, mental e espiritual. Desenvolva a sua mente, interaja com vários tipos de pessoas, viaje, aventure-se. Como ponto de equilíbrio, use a liberdade com disciplina e responsabilidade, seja seletivo com suas escolhas.

Ausência do 6: Faltam as letras FOX – Metafisicamente pode gerar doenças relacionadas à cabeça, olhos, audição e órgãos reprodutores. A cor azul índigo ausente na aura pode desarmonizar a glândula pituitária e pineal, responsáveis pela percepção dos sentidos. Você deve expressar amor por seus semelhantes. Desenvolva a responsabilidade com os que estão à sua volta e a responsabilidade social também. Busque o equilíbrio, a paz e a harmonia evitando se impor ou se sobrecarregar em função dos outros.

Ausência do 7: Faltam as letras GPY – Metafisicamente pode gerar doenças relacionadas ao sistema nervoso simpático e parassimpático e ao cérebro. A ausência da cor violeta na aura pode gerar intensa desarmonia no hipotálamo com a glândula hipófise responsável por todo sistema glandular e hormonal. Não julgue por aparências. Você deve desenvolver sua mente, sua intuição, sua alma, seu espírito. Aprenda a ver além das aparências, saia do mundo material para meditar, refletir, aprofundar-se mais. Evite o isolamento, as críticas, as cobranças.

Ausência do 8: Faltam as letras HQZ – Metafisicamente pode gerar doenças relacionadas com o coração e com toda a coluna vertebral, doenças autoimunes de intensidade. A ausência da cor rosa na aura pode levar à tendência ao individualismo, ao egoístico e à solidão. Você deve desenvolver em si a justiça e o equilíbrio. Buscar canalizar as energias no mundo material, sem ser excessivamente ligado a ele. Assuma responsabilidades de comando. Evite o materialismo e o autoritarismo.

Ausência do 9: Faltam as letras IR – Metafisicamente pode gerar doenças relacionadas com a autoestima, doenças autoimunes por frustrações e mágoas. A cor dourada é a luz crística universal e ausente na aura e não está diretamente relacionada a uma doença específica, porém, de acordo com os sentimentos pode gerar doenças de gravidade, sem cura. Você deve ser tornar humanitário, desenvolver amor universal pelos seus semelhantes. Seja inspirador, compreensivo, caridoso. Evite autossacrifício em função dos outros, fugir da realidade é ingenuidade exagerada.

Estudo da pirâmide invertida básica

A Pirâmide Cármica ou Pirâmide Básica consiste em mais uma ferramenta de consulta para você se certificar se possui um ou mais números cármicos e números mestres.

A intenção real dessa análise é informar o quanto a chave ou o seu primeiro nome tem influência no campo social, com o seu caráter, que é a sua personalidade que lhe dá o impacto no social, isso significa a forma que age e reage perante os outros. A Pirâmide Cármica revela como a sua autoimagem se porta nos seus caminhos de vida, nos 3 grandes ciclos de vida: ciclos formativos, ciclo do poder e ciclo da colheita ou da sabedoria.

48 | Numerologia Cármica – Conhecendo sua Missão de Vida

Voltemos ao exemplo: Maria Aparecida. (Aparecida no exemplo é sobrenome).

Para confeccionar a pirâmide, deve-se dar a cada letra os valores energéticos, utilizando-se a tabela pitagórica:

1	2	3	4	5	6	7	8	9
A	B	C	D	E	F	G	H	I
J	K	L	M	N	O	P	Q	R
S	T	U	V	W	X	Y	Z	

Ao seguirmos o roteiro, podemos observar a 1ª linha da pirâmide e perceber que cada letra tem seu valor energético: M=4 – A=1 – R=9 – I=9 – A=1

A 2ª linha é a soma do M=4 e do A=1 que é igual a 5. A soma de A=1 e do R=9 é igual a 10 que se reduz a 1, e assim até o final, linha por linha.

M A R I A A P A R E C I D A

4 1 9*9 1*1 7 1 9 5 3*9*4 1

5 1 9 1 2 8*8*1 5*8 3 4 5

6 1*1*3 1 7 9*6 4 2 7 9

7 2 4*4 8 7 6 1 6 9 7

9*6 8 3 6 4 7*7 6 7

6 5 2 9 1 2 5 4*4

2 7 2 1*3 7 9 8

9*9 3 4 1 7 8

9 3 7 5*8 6

3 1*3 4 5

4*4 7 9

8 2 7

1 9

1

Mediante o estudo da situação cármica de Maria Aparecida, (lembre-se que Aparecida nesse exemplo é sobrenome), observarmos que a pirâmide termina em 19 que se reduz a 1, portanto essa vibração, 19, é cármica.

Ao considerarmos o exemplo utilizado nos 3 números principais: na motivação, na personalidade e na expressão, até aqui abordados, verificamos que não apareceram os números considerados, de fato, cármicos: 13,14,16,19. Na pirâmide, chegou-se à conclusão em função do nome completo, ou seja, na expressão dos talentos e das habilidades.

Você leitor, você Numerólogo, percebeu a intenção do Estudo Pitagórico associado com a Pirâmide?

Nos cálculos matemáticos do Método Pitágoras dos 3 números principais (motivação, personalidade, expressão) não aparecem carmas, mas na pirâmide invertida conclui-se com a "amarração" o carma na expressão dos talentos e habilidades ou destino do livre-arbítrio, porque é com o nome completo que se confecciona a pirâmide invertida.

Análise:

Revelação do carma da energia da lâmina 19 com as ausências de talentos ou letras faltantes das vibrações ausentes (2,6,8), conforme a grade das potencialidades, onde se decodifica o nome completo de Maria Aparecida, portanto, ao faltarem esses aprendizados, significa que no processo evolutivo da alma de Maria Aparecida ela não sabe lidar com questões pertinentes a essas ausências.

Após analisada a Pirâmide Invertida é revelada a vibração cármica nos talentos habilidosos. A pirâmide revela que Maria Aparecida possui limitações emocionais de crenças que bloqueiam as suas habilidades. Metafisicamente, toda limitação tem fundo emocional ou nos sistemas de crenças. O nome analisado não vibra no potencial já evoluído para a construtividade de suas energias de alma, de personalidade e na expressão de vida. A expressão (soma total da motivação da alma, vogais do nome completo + personalidade, consoantes do nome completo) analisada na pirâmide revela que o destino do livre-arbítrio ou o caminho que faz com os talentos e habilidades que possui está desvalorizada. Então, não dá créditos àquilo que sente ou percebe de si própria, portanto não flui como deseja, situação que para ela é um carma devido aos bloqueios emocionais, mas que na realidade é falta de conhecimento de si própria e de aperfeiçoamento, por isso gera carmas existenciais.

Dicas de análise:

Recorra às características dos números principais do método pitagórico (motivação, personalidade e expressão) e imediatamente às características dos números através da taromancia e das ausências. Você vai perceber que não há muitas distinções entre as análises, pois se completam, mas ainda temos estudos para conclusões mais acentuadas.

Números cármicos –
Numerologia e taromancia

Os elementos universais e cores, correlacionados com as vibrações dos números cármicos, estão associados aos centros sutis ou chacras:

É considerado Carma a falta de talento. Quando ausentes no nome as letras referentes às cores vibracionais no campo energético, duplo etéreo ou perispírito, significa que na aura podem ocorrer desarmonias de acordo com o pensamento e o desequilíbrio gerando doenças no órgão suscetível, metafisicamente analisado.

É considerado Carma o excesso de talentos de uma mesma vibração. Quando excede a 6 nuances torna-se um dom em excesso que provavelmente vibra contra a harmonia.

- Número 1: Vermelho referente às letras A, S, J
- Número 2: Laranja referente às letras B, K, T
- Número 3: Amarelo referente às letras C, L, U
- Número 4: Verde referente às letras D, M, V
- Número 5: Azul-claro referente às letras E, N, W
- Número 6: Azul-escuro referente às letras F, O, X
- Número 7: Violeta referente às letras G, P, Y
- Número 8: Rosa referente às letras H, Q, Z
- Número 9: Dourado referente às letras I, R
- Número 11: Cor Prata referente à letra K
- Número 22: Todas as cores do arco-íris referente à letra V

A Numerologia Cármica vibra até o número mestre 22, de acordo com os arcanos maiores da taromancia.

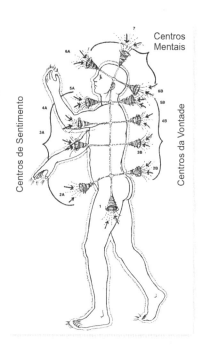

Na figura, os chacras e as cores da aura são idênticos à cromoanálise com as cores da tabela vibratória. A cor faltante no campo áurico referente à letra ausente no nome de batismo tende a desarmonizar o todo, metafisicamente, e, requer cuidados com as emoções para a inteligência emocional. A cor na aura é equivalente à região do chacra.

Da mesma forma que falta uma letra e a cor correspondente no nome de batismo, também pode ocorrer o excesso de uma mesma letra, que a Numerologia classifica de talento como tendência dominante. A letra e a cor que faltarem e o que for em excesso (letra em excesso refere-se a 6 ou mais nuances de uma mesma letra) requerem os mesmos cuidados, tudo que for em excesso poderá vir contra a mesma vibração.

É importante salientar que, nesse sentido, o autoconhecimento é a fonte para a sabedoria da inteligência emocional.

Os números cármicos

São números que podem ser intensificadores das ações negativas. São indicadores de como se guiar na renovação do campo energético. O campo energético é o irradiador das energias do pensamento através da malha magnética (pele do corpo) que gera o comportamento na rotina diária e atrai as energias similares.

A vibração 13: 1 + 3 = 4 (A Morte).

Será um carma a resgatar quem traz essa vibração; na soma das vogais ou motivação, na personalidade ou soma das consoantes, na expressão ou soma total das letras do nome, no dia de nascimento e/ou na soma da data completa de nascimento da missão de vida atual = MVA.

A lâmina da morte de vibração 13 dificulta, desde a infância, a comunicação, a autocobrança, a necessidade de trabalhar desde jovem para que alguma distorção de valores trazidos pelo espírito seja corrigida.

Esse número vem como carma ou uma bênção para a regeneração e o renascimento; nova forma de ver a vida para finalizar e concluir situações obstinadas e limitadoras. Caso não ocorra o aprendizado ou novo pensamento para melhorar o comportamento rígido (recusa em alterar velhos padrões e conceitos na rotina diária) poderão ocorrer doenças limitadoras de fórum grave: fibromialgias, dores por todo o corpo, desalinhamentos do pilar central, desde o occipital até o cóccix, coluna cervical até a lombar levando à depressão profunda. O número 4 de cor verde pertence ao Chacra Cardíaco, portanto cuidados com o sistema circulatório e o cardiológico são aconselhados. O Carma da disciplina e do trabalho contínuo.

O desafio aqui 1-3=2, a diplomacia com paciência.

A vibração 14: 1 + 4 = 5 (A Temperança).

Será um carma a resgatar quem traz essa vibração; na soma das vogais ou motivação, na personalidade ou soma das consoantes, na expressão ou soma total das letras do nome, no dia de nascimento e/ou na soma da data completa de nascimento da missão de vida atual = MVA.

A lâmina da temperança de vibração 14 de cor azul-claro está relacionada ao chacra frontal. Essa vibração insere forte poder de percepção, mas ao se desarmonizar esse número cármico poderá trazer desconfortos na saúde particularmente com os órgãos sexuais, sistema reprodutor e garganta. Caso a pessoa tenha este número no seu mapa e tiver uma educação rígida e conseguir ter disciplina e valores morais sólidos, a vida transcorrerá com normalidade, caso contrário poderá haver muitas perdas e desapontamentos até que a lição seja aprendida. A impulsividade e a ansiedade estão sempre à frente das decisões, e a rota dos ventos é constante nas mudanças devido à falta de paciência.

As lições e testes relacionados à sensualidade previnem a luxúria e os excessos. O Carma dos vícios e das fraquezas da alma.

O desafio 1-4=3, criar com a comunicação expressiva sem dispersar com falas inúteis.

A vibração 16: 1 + 6 = 7 (A Torre).

Será um carma a resgatar quem traz essa vibração; na soma das vogais ou motivação, na personalidade ou soma das consoantes, na expressão ou soma total das letras do nome, no dia de nascimento e/ou na soma da data completa de nascimento da missão de vida atual = MVA.

A lâmina da torre de vibração 16 revela o carma da intolerância, do orgulho, das cobranças e das autocobranças à perfeição. É inteligente, intuitivo e perspicaz. Manifesta suas atitudes com austeridade e frieza. É introspectivo e questionador quanto às crenças, acredita em seu potencial perceptivo. Esta vibração está relacionada com o excesso de orgulho, à posição e ou à possível perda de posição que o force a lutar e a recuperar novamente. O número 7 pertence ao Chacra da coroa de cor violeta em direta conexão com o Eu superior, por isso a PES (percepção extrassensorial) poderá ter vários começos até que seja possível adquirir equilíbrio que o faça memorizar a lição que será durável. Indicações de que houve abuso de poder em vidas anteriores.

O Carma é a violência, as perdas súbitas e explosões de temperamento, da introspecção e das autocríticas aos perfeccionismos.

O desafio 1-6=5, o introspectivo deve vivenciar a liberdade interior, somente o amor liberta para os movimentos do espírito.

A vibração 19: 1 + 9 = 1 (O Sol).

Será um carma a resgatar quem traz essa vibração; na soma das vogais ou motivação, na personalidade ou soma das consoantes, na expressão ou soma total das letras do nome, no dia de nascimento e/ou na soma da data completa de nascimento da missão de vida atual = MVA.

A lâmina do Sol de vibração 19 revela um passado de poder e tirania, que foi exercido com crueldade e prepotência. O verdadeiro líder é aquela pessoa que vai à frente iluminando o caminho dos seguidores, e, a partir do instante que a pessoa aprende esta lição, ela se sentirá livre e a vida transcorrerá com normalidade, de forma mais tranquila e positiva. A solidão ronda os caminhos desse carma e metafisicamente desenvolve doenças cardíacas, nos rins e na coluna vertebral; os ossos são frágeis. Há perigo de perda de bens para aquelas pessoas que não se preocupam em conservar o que têm.

O Carma é o excesso de orgulho, o gosto por exercer o poder sobre os outros, a vaidade tirânica, o egocentrismo e o individualismo.

O carma aqui é intenso, o início e o final de uma reta de vibrações de 1 a 9. O amor e o ódio são energias de uma mesma reta, o início e o fim, sendo a diferença 1-9 a vibração=8, o carma efetivo, a energia da reação das ações plantadas ou a lei universal – colherás o que plantares.

Orientação

Ao montar o resumo do mapa natal cármico, no final desses aprendizados a visão é total, percebe-se que se torna impossível obter zero nos tópicos de estudos dos números principais; motivação, personalidade, expressão, lição de vida e das vibrações acessórios para análises; chave, sobrenome, dia de nascimento. O estudo da Numerologia cármica possibilita encontrar a missão desta vida e superar os desafios que irão atravessar os caminhos do louco, e nesses cálculos é sempre possível se deparar com os ZEROS em epiciclos vivenciais que podem significar intensos obstáculos ou apenas experiências evolutivas; a dependência será como agir e reagir emocionalmente a cada questão, fato ou situação. Os embates vivenciais poderão ser cármicos ou também poderá se viver em Dharmas, pois a jornada do louco (lâmina) é feita por ele mesmo.

Características vibratórias da numerologia cármica

As características vibratórias da Numerologia Cármica permitem consultar aspectos relacionados à Idealidade, Personalidade, Expressão, Missão de Vida, ao Sobrenome, assim também ao primeiro nome do indivíduo (chave).

Vibração Zero ou 22 (O Louco).

A jornada começa ou recomeça. O caminho é longo e os desafios intensos. A busca é pelo aperfeiçoamento ou aprendizados. A Numerologia Pitagórica e Cármica compreende o "zero" como vibração neutra, numerologicamente, mas que proporciona ao possuidor dessa vibração a proteção divina, porque zero é o verbo e o verbo é Deus/Deusa. O louco caminha vibração a  vibração, energia a energia vencendo os obstáculos; aprende se motiva, desanima se revolta, chega a desistir, mas impulsiona a força interior em meio às decepções e frustrações do mundo mundano, e quando sente a decadência, renova com fé em seu potencial e se supera, motiva a vida, impulsiona os talentos habilidosos, usando as aptidões. A intenção da divindade é que o louco cumpra a sua missão aqui nesse plano, usando de seu livre-arbítrio para ser o líder de seu destino e conquiste o mundo através do aprendizado e faça sua história de vida.

Vibração 1 (O Mago).

É o autorreconhecimento; é aprender a liderar e ser o dono de seu próprio negócio, é determinado e fadado ao sucesso. É autossuficiente ao conviver em comunidade. De cor vermelha, essa vibração pertence ao Chacra da raiz. Metafisicamente, está correlacionada ao sistema circulatório e coração; em desarmonias emocionais ou cármicas, desequilibra por falta de fluidez e austeridade, por egocentrismo. O mago indica a necessidade de alterar velhos padrões e harmonizar as mentes para a saúde do corpo, agir com ética, moral e determinação. Evitar o egocentrismo. O misticismo lhe agrada e as filosofias preenchem seus questionamentos. As atividades planejadas são seu forte, pois você não é um construtor, mas planejador; evite ser controlador.

Vibração 2 (A Papisa).

Energia sensível e pacificadora, diplomática, paciente, calma e perspicaz. Inteligente, essa pessoa do 2 precisa aprender para aplicar, portanto ficar por trás dos bastidores pode levar a tímida pessoa do 2 a altos graus diplomáticos por saber ouvir e refletir antes da palavra final; sua natureza é dualista e pacificadora. Exibe uma imagem de modéstia, muitas vezes, sem confiança em si própria. Seu carma é a sensibilidade e muita afetividade. Por não saber dizer Não, sofre com isso, dando margem ao abuso de outras pessoas. Metafisicamente, essa vibração pertence ao Chacra umbilical de cor laranja que corresponde, fisicamente, aos rins e ao sistema glandular que podem se desarmonizar por medos, inseguranças e falta de fluidez.

Seu desafio é confiar no que sente e perceber a intuição. Não aceita qualquer situação apenas por aparências. Quando confusa, busca isolamento; sua sensibilidade gera conflitos intensos. Cuide-se e reconheça o seu próprio valor.

Vibração 3 (A Imperatriz).

Vibração da criação e da comunicação da escrita e das artes em geral. O portador dessa vibração possui o talento da jovialidade com expressão alegre. Imaginativo e inspirado, tem gosto pelos movimentos livres e é intuitivo. Sabe aproveitar as oportunidades que atrai em seus caminhos. Extremista no modo de ser e vestir, mascara as próprias emoções por trás das falas e

contentamentos. Dá início a muitas atividades ao mesmo tempo, deixando por inacabado a maior parte. Impulsivo e ansioso, sofre a influência da energia do 3 que gera frustrações quando a vida não oferece os desejos. Essa vibração de cor amarela tem ascendência metafísica diretamente nos órgãos reprodutores e no Chacra da laringe, gerando problemas relacionados com a garganta e cordas vocais. Agindo de modo destrutivo com más influências torna essa energia supérflua e leviana com tendências a intrigas e vícios. Harmônica, essa vibração simboliza a fertilidade, a doçura, o encantamento com equilíbrio espiritual. Trata-se da pessoa decidida, lúcida, que possui liberdade de sentimentos, é elegante, calma e intelectual.

Vibração 4 (O Imperador).

Vibração de organizador, construtor, prático, lógico, eficiente com muita disciplina. A determinação é seu alvo, excelente trabalhador manual e braçal. Inteligente, arregaça as mangas e entende de tudo um pouco. Econômico, é convencional, não gosta de mudanças e novidades, a rotina e seu lar são suas motivações. Precisa ter resguardo financeiro, uma poupança, para se sentir seguro. Essa vibração metafisicamente é complicada, pois atinge os sentimentos e o coração por tratar os outros com mais frieza e austeridade; um general dominador dos outros e de si próprio que desarmoniza os ossos, músculos e a pele. Deve aprender a ser ponderado, pois é cético e desconfiado. Energia controladora que decide somente baseado na razão, na prática e na lógica, com impulsos radicais, infelizmente apresenta dificuldade de extravasar toda emoção contida no coração.

Vibração 5 (O Papa).

A energia dos 5 é elétrica, irradiadora e ansiosa. Versátil, é mutável e magnética. De mente ágil e fértil a palavra e a intuição são dons naturais dos portadores dessa energia e se relaciona muito bem. Energia inquieta, nervosa e impulsiva com desejo de liberdade a todo o custo. A instabilidade faz parte de sua vida em todas as áreas.

Sexualmente ativo, com tendências a vícios e exageros no amor, é provocante, sensual e apaixonado. Adora viagens e novas experiências. Dificilmente, fica numa única relação durante toda a vida. Trabalhos burocráticos ou sentados atrás de uma mesa não pertencem à sua rotina, a preferência é pela liberdade de explorar novos horizontes. Metafisicamente, em desarmonia o Chacra da garganta de cor azul-claro gera tendências a graves doenças da garganta e dos órgãos sexuais, sistema reprodutor, pulmões e sentidos. O desafio dessa energia é a de orientação espiritual, filosófica, o autoconhecimento, uma crença e, de aceitar o potencial intuitivo de que é possuidor.

Vibração 6 (Os Amantes).

É a energia dos afetos, do amor, materna e paterna. Do equilíbrio da honestidade e da harmonia. O possuidor dessa vibração em qualquer posição das vibrações aqui estudadas no mapa cármico possui responsabilidades e obrigações com o Lar que ama, ajusta situações de família, amigos, enfim com a sociedade. Tem gosto pela beleza, é criativo e comunicativo, detalhista em ambientes confortáveis e acolhedores cheios de bibelôs, mas agressivo com aquele que destruir suas obras de arrumação; crianças não devem mexer nos artigos dos 6. As atividades relacionadas ao social são indicadas para a pessoa 6: educação, artes criativas, culinária, decoração, enfermagem, arrimo de família, relações públicas, advogados de família. O equilíbrio dessa mente se desarmoniza facilmente com a dominação, pois é bastante teimosa e gosta de criar polêmica, não suporta mudanças, é do tipo convencional. A energia dos 6, quando sai do ritmo da rotina, e é questionada a modificar padrões, gera problemas de estômago e fígado com dificuldades pessoais em decidir que caminho deverá seguir, e com isso poderá ocorrer questões ligadas ao casamento. Relacionada ao Chacra frontal de cor azul índigo, possui a percepção intuitiva desenvolvida.

Vibração 7 *(O Carro)*.

A vibração da energia cabalística do 7 permite que o indivíduo desenvolva PES, percepção extrassensorial e a utilize a seu favor. É dinâmico, intelectual, intuitivo, estudioso e teórico, busca o conhecimento, a sabedoria e a perfeição. É mais exigente consigo mesmo do que com os outros. Não gosta do trabalho manual, da rotina e menos ainda do trabalho braçal. Ama o mistério e procura compreender as leis espirituais. Analítico, busca explicações científicas para fenômenos que a nossa ciência ainda não pode explicar. Metafisicamente, seu cérebro é desenvolvido com inteligência e seu pensamento é lógico, prático e racional. Comumente se diz que por ser 7 é muito espiritualizado, engano, uma vez que o 7 é cético, mas propenso a desenvolver doenças relacionadas às glândulas do cérebro, tumores, vícios como o álcool, drogas ou ainda se ancorar em igrejas devastadoras de mentes para se esconder de seu verdadeiro espírito evoluído. A lâmina do carro revela vitórias em relação às desvantagens e obstáculos. Será cármico se passar por cima dos outros para levar vantagens.

Vibração 8 *(A Justiça)*.

Essa energia é potencializada no indivíduo que possui o tino para os negócios. Pessoa ativa com capacidade comercial e administrativa; é prática, lógica e bem racional, mas eficiente e organizada. Todas as vezes que quedas emocionais ocorrerem tenderá a se reorganizar emocionalmente e a reagir voltando ao estado natural de competência progressiva crítica e analítica. Esse 8, em qualquer vibração do mapa cármico, não tem jeito mesmo, pois é forte e arregaça as mangas, sempre pronto para novas iniciativas, sendo um conquistador com ações rápidas, às vezes, mais impulsivas do que planejadas e organizadas, o que metafisicamente poderá levar esse ansioso e  ávido 8 a resultados financeiros substanciosos, e a colheita será farta porque sabe plantar e mesmo sem perceber usa o poder sensitivo de que é possuidor. Entretanto, nem tudo são flores; toda essa altivez tem suas cobranças, seu reflexo no coração, no sistema circulatório, nas pernas, nos braços e nos ossos que podem sofrer intensamente essa energia. O indivíduo regido pela vibração 8 não compreende a necessidade da prevenção e somente procura a ajuda da medicina quando realmente se sente destruído, o que poderá ser inútil. O Chacra correspondente é o da glândula timo com as cores verde e rosa, exatamente na regência cardíaca. E a ânsia pelo poder poderá tornar seu coração sem apegos e sentimentos, o que o fará falir. Na Numerologia esse número é naturalmente cármico.

Vibração 9 (O Eremita).

A energia do 9 é dual, pode ser criativa, humanitária, comunicativa, bondosa, que ajuda o próximo sem obrigações, altruísta, sincera que inspira confiança. Mas também pode ser muito crítica, intrigante, que desvaloriza o próximo em função da própria materialidade e individualismo, e que quando provocada ou diante de intenso obstáculo torna-se muito agressiva. Essa energia

é de cor dourada e alguns a conhecem por cor preta, pertence à irradiação dos Chacras superiores ligados ao espírito, mas que metafisicamente pode descompensar todo o sistema imunológico, caso estiver em desarmonia, gerando doenças graves e autoimunes no sistema reprodutor, nos olhos e na coluna.

Vibração 10 (A Roda da fortuna).

A energia do 10 pertence à letra "J". É intensa essa vibração tanto material quanto espiritual. Suas aspirações são elevadas. O portador dessa energia é honesto, tem a mente brilhante e é inventivo. Quando se sente destruído no corpo, mentalmente se reorganiza, busca reinícios, recomeça e sente a força nascer dentro de si. Seu gosto é por um bom desafio, que frequentemente vence, pois tem domínio sobre a própria vida, que está em suas mãos. O desafio é intenso, 1-0=9 engloba o aprendizado de todas as vibrações de 1 a 9 para a evolução, com proteção espiritual. A roda é o tempo cíclico – o que fizer volta.

Vibração 12 (O enforcado).

Essa vibração pertence à letra "L" com os mistérios do número 12. Comunicativo e expressivo nas ideias férteis e inteligentes, o portador dessa vibração é honesto, de boa moral e atinge a espiritualidade por habilidades. Essa energia pertence ao Chacra plexo solar de cor amarela, contudo, as desarmonias emocionais geram problemas relacionados ao estômago, pâncreas e órgãos do sistema digestivo; a diabetes na vibração de alma 12 é um fator a ser considerado. O cultivo da fé, em sua divindade, no eu potencial, uma vez que a vida necessita do espírito e não apenas da medicina da terra é o que se aconselha à pessoa de vibração 12. Muito cuidado com as melancolias profundas que podem confundir seus pensamentos quanto à liberdade de ser na alma. O desafio 1-2=1 é de se manter com a própria individualidade, com a independência mental que possui dentro de si. Evite tantas autocobranças quando a vida der uma estagnada.

Vibração 15 (O Diabo) – 1+5=6.

A energia dessa vibração é impulsiva, à primeira vista parece ser harmoniosa porque sua redução é 6. A letra "O" vibra no 15 com extremismos ansiosos pautados na razão. Os cuidados são com a dominação. O portador dessa vibração deve observar o desafio do 15 sendo 1-5=4; sendo líder de si próprio para sua liberdade interior organizar a vivência com disciplina. Essa energia deve trazer entusiasmo e reflexões para os questionamentos, levando à descoberta de como agir e reagir. Tomar cuidado com a dominação e a facilidade de se apegar e de comportamentos ansiosos e compulsivos. A relação familiar sociável, a criatividade e a comunicação marcam o perfil do indivíduo de vibração 15, contudo a não aceitação de ordens, de diretrizes em sua vida prática, pode alterar, por temor, padrões pré-existentes, pois o convencional, as regras, são inerentes a esse perfil.

Vibração 17 (A Estrela) – 1+7=8.

A energia dessa vibração pertence à letra "Q". Arrojado, o portador da vibração 17 possui a mente refinada e sabe se comunicar e liderar. Irradia um Ar de mistério, uma energia secreta de profunda sabedoria. A vitalidade mental gera uma força intuitiva para a realização criativa. Essa energia pertence ao Chacra da glândula timo de cor rosa e verde, e, metafisicamente em desarmonias cria problemas no sistema circulatório, no coração, nos braços, nas mãos e na coluna cervical. Essa energia torna o indivíduo ávido por conquistas e realizações desde a infância. Ocorre que muitas vezes sonha tanto com o desejo de se realizar que sente que não tem mais tanta importância. O desafio aqui é intenso1-7=6. Dentro de si as suas habilidades são de liderança, mas a austeridade nos tratos devido à sua introspecção e busca pelo perfeito com muitas críticas e autocríticas não permitem que se revele com a criatividade e a comunicação nos meios sociais, familiares e com os amigos; o motivo é o medo de ser retalhado por algum erro, pois seu orgulho o torna um limitado solitário, mas com muita intuição e mente fértil de inteligência.

Vibração 18 (A Torre).

Essa vibração pertence à letra "R", que deixa a pessoa ativa nos movimentos e com gosto por ajudar a humanidade. A mente é fértil em ideias e ideais criativos, mas ao mesmo tempo internamente os questionamentos sentem a necessidade de autoafirmação dos sentimentos indecisos; reflete antes de decidir, pois a mente busca situações paliativas externas para concluir questões. Essa energia pertence ao todo do corpo sutil dos Chacras com todas as cores do arco-íris irradiado para a aura, o que metafisicamente insere grande percepção. Mas, ao agir destrutivamente com a mente em pensamentos obsessivos, o corpo tende a desenvolver dores intensas por todas as partes até chegar a um órgão específico ou ao que está mais intoxicado pelos pensamentos, geralmente o fígado, o pâncreas ou coração, e destruí-lo. Os cuidados com a energia da lua é o que está presente, não é exatamente o que parece, já que pode estar sendo enganado. Analisando-se novamente esse perfil apura-se que há fortes indícios de traição por parte de pessoas muito próximas. A Instabilidade emocional pode ainda degenerar o portador de vibração 18 devido à longa depressão, com insistência da pessoa não desejar se curar.

Vibração 20 (O Julgamento).

Vibração 2-0=7 (zero representa as 9 energias). Essa vibração pertence à letra "T" – a habilidade de separar o verdadeiro do falso. Aprender a julgar baseado na razão sem deixar de lado o sentimento da intuição e de ouvir seu coração é o conselho para os portadores de vibração 20. Essa energia costuma controlar o meio e dar o valor aos fins que considerar meritórios, bons  ou ruins. O cuidado é em tomar decisão sem considerar todos os lados da questão. O indivíduo possuidor dessa energia teme mudanças ou alterações no lar e no trabalho, é inseguro e instável, deve aprender a harmonizar as emoções e modificar velhos padrões de comportamentos e pensamentos, eliminando desse modo as paralisações possivelmente cármicas e atingindo com inteligência as realizações dos ideais.

Vibração 21 (O Mundo).

É assim o louco, a carta zero, se autorrealiza na conquista do mundo evoluindo com o poder mental, se reorganizando o mais próximo da perfeição através do pensamento lógico e psíquico, elevando o espírito e sendo altruísta. Disciplinado e harmônico, o indivíduo de vibração 21 entende o social se aperfeiçoando, abraça as causas com inspiração e atrai a boa sorte. Ao atingir destrutivamente as metas para com o mundo, então, é fadado ao fracasso se sacrificando por causas injustas com obstáculos e afetando os sentimentos; tende à ruína sendo incapaz de se concentrar, dispersando energias e os ganhos em ambientes hostis. Esse é um carma conquistado pelo próprio louco em sua jornada, rumo à consecução das metas e ideais se desviando do bem e aceitando o mal, tentando a boa sorte de forma ilusória.

Sequencialmente, vamos estudar as vibrações dos *números dobrados*, também conhecidos por *números mestres*, considerados os potencializadores das energias as quais se reduzem.

Número Mestre 11 (A Força) – Idealismo.

Essa energia pertence à letra "K". Essa vivência é em extremos ou desfruta de grande sucesso ou vive em miséria com bloqueios emocionais e autocobranças intensas, com impulsos e ansiedades. Intuitivo e perspicaz, o portador dessa energia é versátil e inspirado criativo, imaginativo. Iluminado, é sensível a influências espirituais e sobrenaturais. Artista talentoso, diplomata e habilidoso. Dramático, analisa os dois lados das questões; tem gosto por reconhecimento público, fama e fortuna.

Negativo: Nervoso, emocionalmente instável, sem rumo na vida, avarento, dispersivo, negligente ao materialismo, vago, inquieto, dissipado, depressivo, paranoico, desonesto, sem iniciativa e apresenta complexo de inferioridade. Seja paciente, persistente e confiante, reavalie sua posição, trace novo rumo e lembre-se de que nada é para sempre, nem o certo nem o errado, pois o meio-termo também deve ser avaliado, é o conselho ao indivíduo que possui essa energia.

Número Mestre 22 – Materialista

Senso prático, força e vigor em todos os planos, futurista, construtivo, espiritual, esclarecido, elétrico, facilidade para riqueza material, filantrópico, sonhador no mais alto senso, gênio prático. Esse é o perfil do portador dessa energia. Pode-se dizer que é o executivo altruísta.

Negativo: Exploração, ganancioso, jogadas ilícitas, rancoroso, desorganizado, imprudente, temerário, apático, falsário, abuso de poder, corrupto, complexo de inferioridade, manipulador, destruidor em grande escala.

Esta é a carta mais auspiciosa de todo o baralho. Indica muito êxito em todas as áreas da vida. O caminho irá mostrar que as escolhas que o portador dessa energia faz está correta. O medo do seu próprio êxito. É como se o objetivo estivesse ao seu alcance, mas

hesitasse em agarrá-lo, talvez por medo de não ser merecedor ou de ficar desapontado. A lâmina "O Mundo", relacionada com esse número mestre, fecha um ciclo onde O Louco termina sua jornada de aprendizados com senso prático, força e vigor em todos os planos. O Louco é esclarecido com facilidade para a riqueza material e ao mesmo tempo filantrópico e altruísta. Podemos, então, afirmar que O Louco tem o mundo da vibração 22 em suas mãos.

Até aqui, analisamos as características e suas consequências dependendo da vibração.

Lembramos que toda vibração que exceder às 22 lâminas do tarô deverá ser reduzida a um único dígito.

III

O Dia de Nascimento
Dom Precioso

Antes de dar sequência ao estudo, gostaria de salientar que os nascidos nos dias considerados cármicos devem ter cuidados redobrados no âmbito da Razão x Emoção.

Os números cármicos essenciais 13,14,16,19 em qualquer tópico do estudo do mapa cármico também devem ser considerados. Aconselhamos ainda cuidados redobrados com os números mestres 11 e 22. Em qualquer tópico do estudo do mapa cármico devem, igualmente, ser considerados.

Ao nascer nós não sabemos as influências dos aprendizados adquiridos em outras essências. A pré-consciência nasce zerada em aprendizados, mas será na família que nasceu o indivíduo que se dará o desenvolvimento, conforme as crenças. O processo já evoluído está na inconsciência onde habita a alma. A descoberta dos talentos, habilidades, sabedoria e das dívidas se desenvolvem de acordo com as crenças da família na qual reencarnou o indivíduo para resgatar ou ensinar.

O dia do nascimento revela um dom precioso, os talentos, para que durante a vivência possa ser desenvolvido e aperfeiçoado de modo que o papel desta vida seja cumprido, ou seja, a missão divinamente destinada, que é a lição de vida ou a missão inacabada por desencarnação da última essência, possa ser vivenciada em Dharmas ou carmas. Cada um faz seus caminhos.

Ao nascer em uma das datas consideradas números cármicos, 13, 14, 16 e 19, provavelmente, o indivíduo já vem destinado a resgatar dívidas cármicas com os aprendizados desta vida. Certamente, que a Obra Divina faz nascer o indivíduo em família evoluída, da mesma forma que se dará o resgate da dívida para o melhor dos novos aprendizados, assim sempre é.

Metafisicamente, o dom de nascimento é revelador dos passos vivenciais e da saúde pelos pensamentos já embutidos, tal qual evolução na inconsciência, e pelos novos aprendizados dhármicos ou cármicos, ou seja, as doenças correlacionadas essencialmente com o dia de nascimento serão reveladas de acordo com os desafios a serem vivenciados e resgatados conforme a data completa de nascimento.

Acordo Cósmico de Nascimento

O que é Acordo de nascimento?

É o ato de assento de uma pessoa que nasce vivo feito no livro próprio de registro civil. Espiritualmente nascido para aprender regatar ensinar e partilhar. Energeticamente nascido para se manter com a vitalidade pranica e vivenciar o dom natural do acordo de nascimento para com a finalidade de cumprir o papel divinamente destinado a vida atual

Entenda a beleza do criador para com a vida natural

A vida natural é mantida por biofótons sendo bio *vida* e fóton *luz – Somos luz*. A bio energia (energia da vida) mantém a saúde física até a consciência racional.

São 5 os elementos cósmicos que mantém a vida natural energética: FOGO, TERRA, AR, ÁGUA e ÉTER VITAL.

O ÉTER VITAL é a energia própria do cosmo onde estão contidos os outros 4 elementos formando a vitalidade prânica.

"Prana é a energia cósmica". Por meio da respiração recebemos a vitalidade prânica, o que mantém a bioenergia. Através dos centros sutis "chacras", recebemos a vitalidade prânica o que mantém o realinhamento energético fortalecido.

Gênero, masculino e feminino. Yang e Yin

O elemento cósmico para o dom do nascimento mantém as mesmas características presentes nas manifestações orgânicas, psicológicas e sociais do ser humano e na dimensão inorgânica da natureza independe de gênero cor raça ou tribo.

Os gêneros são antagônicos e ao mesmo tempo complementares em perpetua oscilações.

Yang: FOGO e TERRA – Energia masculina, ativos, receptivo, expressivos. Atitudes arrojadas centralizam em si as questões.

Yin: ÁGUA e AR – Energia feminina, passivos, receptivos, as influências externas e autocobradores. As características pessoais do método pitagórico para com o Dom de nascimento devem ser verificadas. Autoconhecimento para evolução da alma que gera construtividades e Dharmas.

Vibrações e influências energéticas de acordo com o dia do nascimento

Nascidos dia 1

Você é sempre um líder, independente, criativo, energético e com iniciativa. A capacidade é de fazer tudo por si mesmo. Muitas vezes encarrega pessoas em terminar o que começou, devido ao seu caráter mais planejador do que executor. Em situações tende a usar a própria energia contra si, pela forma vigorosa de se impor nas questões, pois é o tipo egocêntrico (o ego tem tendências à superioridade para a resolução; pode muitas vezes querer se mostrar por baixa autoestima). É interessado no seu desenvolvimento, pode ser egoísta, por ser individualista. Seu mental diagnosticador prefere atividades de raciocínio, porém devido ao excesso de energia física mantém o corpo ocupado. Nunca vai se mostrar vulnerável, nem expressar emoções; seu ego odeia demonstrar fraquezas ou fracassos. Tem de ser ambicioso por motivação.

Sexualmente: sua imaginação erótica e fértil torna-o ativo, desde que seus desejos sejam satisfeitos de imediato. Entrega-se de corpo inteiro em um relacionamento, porém mantém-se independente. Não possui ideias convencionais a respeito de casamentos. Suas conquistas são com pessoas que apreciam seu espírito aventureiro e todo original de ser. Sua atração é por alguém levemente sensual, e para a conquista usa os meios mais sutis, porém depois que conseguiu pode usar métodos extremos para vencer, imaginando-se em disputa, pelo sentido de posse.

Carma a resgatar: em seu dom de nascimento não deveria possuir muitos obstáculos geradores de carmas, porém, ao agir egocentricamente por ambições e individualismo, acaba prejudicando outros, portanto, carmas nesta existência entram em seu caminho para que aprenda as lições e evolua no seu dom precioso. Ao se melhorar nessa existência é forte a probabilidade de não levar para outra essência o que ficou devendo nesta vida

Nascidos dia 2

Sensibilidade, intuição, emoções, adaptação, calma, precisão e honestidade. Atencioso e afetuoso, vai conquistando, sentindo a música invadir seus sentimentos, vai harmonizando lentamente e diplomaticamente, usa as palavras no tom certo. Tem gosto por coleções. Sua felicidade é estar com quem gosta e sentir-se útil em ajudar alguém, devido à sua necessidade de ter que sentir segurança emocional por carinho e afeto. Devido à natureza afetiva, o bom coração e o desejo de atenção podem desenvolver depressões. A forma de pensar deve ser positiva, deve se colocar em tom suave e demonstrar suas necessidades. Ao se calar, o nascido no dia 2 torna-se submisso, uma pomba de asas cortadas, e as doenças emocionais se somatizam.

Sexualmente: a preferência é por relacionamentos mais calmos devido à passividade e sensibilidade. Tímido, não toma a iniciativa, porém reage positivamente ao se sentir paquerado. Satisfaz-se com parceiros que conseguem compartilhar suas emoções. Deve cuidar em se sacrificar apenas para satisfazer à necessidade da pessoa amada, se for assim o ressentimento, a mágoa e os desapontamentos são as vulnerabilidades dos nascidos no dia 2. Sua frustração pode torná-lo egoísta e agressivo por esperar muito do outro ou pensar ser objeto de agrado, deixando seu parceiro sentir-se negligenciado. Provavelmente, os nascidos no dia 2 gostam de parceiros ou parceiras agressivos e cheios

76 | Numerologia Cármica – Conhecendo sua Missão de Vida

de energia, pensando que esse contraste é seu aprendizado e satisfação. Nunca esqueça que indivíduos assim desejam pessoas com a mesma força de atração, então, se cuide das ilusões fantasiosas da mente.

Carma a resgatar: essa vibração não deveria possuir obstáculos intensos por dom de nascimento, mas, ao agir contra sua natureza pacífica e alimentar mentalmente estados vingativos e egoístas por frustrações, os carmas a resgatar desta existência poderão ser intensos na saúde. Seu defeito é a inclinação em subestimar seus dotes e capacidades, tanto intelectuais como profissionais, sendo, muitas vezes, subordinado de pessoas com capacidades inferiores às suas. Caso não seja culturalmente desenvolvido, pode-se tornar cruel, inescrupuloso e até violento, no propósito de atingir seus objetivos.

Nascidos dia 3

Viver é uma arte, leva a vida de forma a liberar energias em várias direções ao mesmo tempo. De personalidade esforçada e artística, é talentoso, sociável, criativo e com imaginação fértil. Falar, expressar, representar, flertar; otimismo, inquietude é a forma divertida e positiva que atrai muitos amigos. Muitas vezes deixa a depressão tomar conta, devido ao seu caráter muito emotivo, porém é passageiro. É esperto na mente, criativo e ágil com as palavras. Crianças e adultos não devem reprimir esse talento expressivo, essa é a válvula de escape para tanta vitalidade. Gosta de atividades em grupo, sempre chora ou por alegria ou por tristeza. Extravagante no modo de vestir, falar e expressar sentimentos, pode ser considerado uma borboleta social. Os adornos pessoais são sua marca registrada. Exagera no que analisa ou vê e sente como certo, e coloca emoções nas palavras.

Sexualmente: é ardente nos relacionamentos, agressivo e versátil. Sexo deve ser frequente, porém devido à instabilidade emocional pode desejar vários parceiros; cuidado com os flertes quando está com alguém. Sua atração é por pessoa calma, séria e possessiva com necessidades de constantes reafirmações. Devido à criatividade, o ambiente para o amor deve ser fantasioso para o romantismo; usa todo o charme, a docilidade e o magnetismo sexual.

Carma a resgatar: essa energia deveria ter poucos obstáculos, mas o temperamento muitas vezes é influenciável o que o torna dramático, sendo assim, tende ao perigo de nessa existência criar obstáculos fortes que poderão virar carmas. O cuidado é com as atitudes de dispersar energias em varias direções com falas confusas, difamatórias, suspeitas ou evidências por exaltada necessidade de aprovação e prejudicar outros. Tende a iniciar várias atividades ao mesmo tempo sem concluir. Acumula frustrações e o sistema nervoso abalado eleva a pressão sanguínea e outros problemas físicos como doenças na pele.

Nascidos dia 4

Prático, organizado, sistemático, honesto, trabalhador, pontual. O "todo certinho" nascido no dia 4 pode somente pensar no trabalho e na adoração pela rotina. A autodisciplina e a lealdade tornam-no teimoso a seus hábitos a ponto de autoexigir a perfeição. Família em controle, vida em esquemas programados. A monotonia torna-o autodestrutivo, destruindo os mais próximos, por excesso de controle. Dedicado ao lar, em tudo que o nascido no dia 4 puser as mãos ele resolve com habilidades mentais e prática. Muito sério e trabalhador, não demonstra os sentimentos, perdendo o ponto referencial de receber carinho por reprimir os seus e mostrar excesso de capacitação e eficiência. Muitas vezes joga suas frustrações em gritos, deixando de entender o estado de ser de cada um. Usa da possessividade, tornando-se inoportuno, indesejável. Seu lado positivo é saber criar sua prosperidade. Constrói sua casa e se prende nas 4 paredes com responsabilidades.

Sexualmente: não é agressivo, nem passivo. Mantém o equilíbrio, satisfaz-se com carícias preliminares e seu sexo é sem sofisticações. O relacionamento físico para o nascido no dia 4 é a efetivação de um compromisso, porém ele exige algo mais profundo. Devido à sua praticidade, escolhe parceiros semelhantes à sua situação geográfica, e com situação de antecedentes semelhantes aos seus e que seja aceita pela sua família. Rotineiro, não possui versatilidade, nem permite excitação na cama.

Carma a resgatar: essa energia eficiente não for dosada, a tendência à obstinação, o apego ao temperamento rude, autoritário, teimoso e a busca pela perfeição pode jogar contra esse indivíduo. Tendência em querer manter a família sob exagerado controle e a vida em esquemas programados. A monotonia torna-o autodestrutivo, destruindo os mais próximos por excesso de imposição. Quando o contrariam ou fazem coisas que não gosta, pode-se tornar rude, ofensivo e dominador, pois se ofende com certa facilidade. Porém, como é uma alma superior, não guarda raiva, ressentimentos ou qualquer sentimento de revolta.

Quando não consegue atingir seus objetivos ou os mesmos são adiados por circunstâncias adversas à sua vontade, fica tremendamente frustrado causando-lhe dor de cabeça, melancolia, distúrbios cardíaco e problemas renais.

Afetivamente muitas vezes fica solitário por abandono familiar. A mulher nascida na energia do 4 é menos dramática e invasiva nos sentimentos dos outros e nas atitudes de temperamento sendo acessível a ouvir e discernir.

Nascidos dia 5

Se tem alguém que é vendedor inato esse é o nascido no dia 5. Sua adoração é por aventuras, experiências novas, para aprender com elas; viagens liberdade, versatilidade, perspicácia, ousadia. Preso a 4 paredes ou sentado atrás de uma mesa não é a felicidade para o número 5. Seu estado de ser é ativo, magnético, muitas vezes libertino e irresponsável. Gosta de tirar vantagens em tudo, vangloria-se com todos. Dá-se bem em qualquer lugar e sai com jogo de cintura de qualquer situação. Namorador, gosta de viver. A personalidade é determinante em grupos. Quando inseguro torna-se rebelde, inconstante, imperativo, extremamente ansioso e doente.

Sexualmente: é um romântico incurável, sempre apaixonado e não esconde esse fato. Agressivo na arte de amar, enquanto com alguém interage e deseja interação emocional. Sempre afobado, fazendo tudo ansiosamente, comete indiscrições devido à necessidade de manifestar sua excitação emocional, pois proclama vitórias aos 4 ventos. Sua mente cria fantasias, e com certeza imagina-se o melhor amante do mundo. Quando possessivo desencoraja qualquer pessoa que queira se apegar ou controlá-lo. Nada nem ninguém ou nenhuma situação podem conseguir sufocar o número 5; se tentarem é hora do furacão buscar novos lugares, senão será uma vida de tristezas e doenças por falta de viver a motivação.

Carma a resgatar: essa vibração consegue alguns pingos fora do ponto. Quando a vida impõe obstáculos para aprender com os erros e evoluir, o nascido no dia 5 se torna rebelde, inconstante, imperativo e extremamente impulsivo e ansioso. A busca constante por dinheiro, por vezes, de maneiras totalmente inusitadas, como jogos, sexo, drogas e situações ilícitas sem qualquer medo

80 | Numerologia Cármica – Conhecendo sua Missão de Vida

de correr riscos. Não descansa enquanto não consegue atingir seus objetivos, mesmo que tenha de usar de artifícios pouco convencionais ou prejudicar alguém. Gosta de estar em contato com o público, de preferência sendo o centro das atenções, e no trabalho, sente-se melhor em ocupações que o coloquem em contato com pessoas, mas que estas lhe permitam agir e exprimir-se livremente. É obstinado em seus propósitos, impulsivo e, por vezes, lhe falta planejamentos. Quando frustrado, principalmente no âmbito profissional, com problemas que atrapalharam seus planos, sofre de insônias, distúrbios psicológicos, falta de controle emocional que podem se transformar em violência.

Nascidos dia 6

Amoroso, afetuoso, adaptável à vida doméstica, responsável, criativo, professor das artes e gosto pelo que é belo, social, harmonioso e equilibrado. É idealista e sua harmonia emocional é sua felicidade. O grande pai, a grande mãe, o conselheiro e o que os ajuda ao redor. Adora a casa arrumada, bonita e perfeita e controla para que os que ama também sintam a ordem e o sistema. Julga-se louvável nos seus pontos de vista, na forma convencional e nas crenças tradicionais de família, porém, quando se torna alvo de críticas ou de readaptação do tradicionalismo, torna-se irritado, não admitindo invasões no seu emocional. Mantém o mental alerta, não vai fundo nas leituras e não admite mudanças nos padrões por medo de perder o controle das situações e pessoas; cria raízes nos conceitos e preconceitos. Possessivo a ponto de intrometer-se nos assuntos alheios, com a finalidade de querer ajudar, opinar ou aconselhar, mas muitas vezes como bisbilhotice. Tem medo da pobreza, é cauteloso no financeiro. Carente por natureza, deseja atenção e amor de todos e faz chantagens emocionais para conseguir que seu controle continue imperando; torna-se tão irritante a ponto de precisar impor que o ame, devido ao controle em não deixar os que estão ao seu redor viverem suas vidas.

Sexualmente: pode ser ativo, agressivo ou passivo, dependendo do seu ânimo no momento. É cauteloso e deseja harmonia no relacionamento para agradar o parceiro. Romântico e sentimental, cria fantasias em função de como seu amor deve se comportar. Paternal ou maternal, seu desejo é de tomar conta do companheiro, acalantar e resolver seus problemas, e quando ele ou ela se irrita com os excessos de controle, o número 6 fica magoado não se sentindo amado. Como é tradicional e não muda seu jeito de ser, tenta modificar o outro, não consegue dialogar até a exaustão do problema achando que vai desarmonizar seu estado de ser. Não é vulnerável, mutável, ou autoanalítico. Sempre seguro de seus pensamentos, se considerando sempre certo, não ouve e quando inquirido irrita-se e fere quem mais ama.

Carma a resgatar: infelizmente o harmonioso e afetuoso nascido no dia 6 facilmente se envolve em obstáculos. Carentes por natureza, deseja atenção e amor e faz chantagens emocionais para conseguir que seu controle continue imperando. Torna-se tão irritante a ponto de precisar impor que o ame, devido ao controle em não deixar os que estão ao seu redor viverem suas vidas. Como é altamente sensível, quando contrariado, ou quando as coisas não correm como quer, pode-se tornar ciumento, nervoso e demonstra possessividade, levando-o a ter atitudes enérgicas para defender seus princípios ideológicos. No tocante às frustrações amorosas, estas lhe causam quase sempre complicações nervosas e problemas ósseos.

Nascidos dia 7

Sábio, intelectual, analítico, sensível, introspectivo, intuitivo, possui sabedoria interior que deve deixar vir à tona e utilizar a seu favor. Autodidata, adora ler, interiorizar os assuntos e meditar o autoconhecimento. Perfeccionista, revê todos os detalhes e especializa-se na sua área. Reservado a ponto de ser taxado de tímido, não dá um passo sem que o mental tenha analisado todos os ângulos da questão. Tudo o que pensa é certo, e não deve deixar opiniões mudarem suas ideias e o bom julgamento. O ouça, lapide, pondere e veja o que lhe serve. Seja paciente que tudo vem até você, estude, capacite-se. Seu poder de atração e requinte não lhe traz pessoas fúteis. Amante da natureza, da meditação, sua necessidade é estar só com paz e tranquilidade para interiorizar as questões. Boa música, livros, quadros, ciências, tudo que lhe traga qualidade de vida é do seu interesse.

Sexualmente: seu estado interior determina o momento e a natureza sexual. Quando indeciso e introspectivo torna-se passivo. Autoconfiante e determinado é ativo. Pode demorar a entrar no ânimo do relacionamento, porém quando totalmente entregue e envolvido vale a pena. Espere qualidade e nunca quantidade. Sua privacidade, discrição e confiança no companheiro (a) é a solidez de seu relacionamento. Seu desejo é que o companheiro (a) seja inteligente, de boas maneiras, tenha requintes. Nunca o número 7 vai gostar de ostentação ou palavras jogadas ao léu.

Carma a resgatar: espiritualizado, muitas vezes tem ataques de nervosismo por se sufocar no trabalho. É esclarecido, evita vícios, mas quando desarmônico emocionalmente tende o consolo nas bebidas alcoólicas, cigarros, drogas e jogos. A busca é por religiões diferentes, mas devido sua alta força espiritual de aperfeiçoamento e conhecimento, costuma não se prender a doutrina alguma.

Nascidos dia 8

Você é um organizador com métodos e ações práticas, bom administrador das finanças, progressista que acumula bens materiais. Sua inclinação, visão e imaginação são para direção e gerenciamento dos negócios com o financeiro. Sua vocação executiva deve incluir a tolerância e a justiça com os menos eficientes. Muito orgulhoso com suas conquistas materiais, não desperdiça, nem apressa os que estão ao redor, porém sabe que alcança seus objetivos com determinação, perseverança, ordem e método. Não é extravagante, é generoso, honesto, leal e pontual. Preocupa-se com o lar e a família, às vezes, controlador dos outros ou general de si com autocobranças de perfeição; insiste no respeito e na organização metódica dos que ama. Seu sucesso dá-se nas áreas financistas e provavelmente não compartilha sociedades.

Sexualmente: ativo-agressivo com papel dominante. É leal nos relacionamentos e espera o retorno. Sua opção é de parceiros que tragam benefícios financeiros e sociais. Seu desejo profundo é sentir-se no domínio do relacionamento e um golpe no seu ego é sua pior ofensa. Carismático, seu poder de atração é de forma positiva. Quando exagera no domínio do parceiro torna-se infeliz no relacionamento, mesmo com a inexperiência do outro deve ter paciência.

Carma a resgatar: na numerologia, a vibração "8" por si só é considerada preocupante por reagir rapidamente no mesmo patamar do que agiu. A concepção de colher aquilo que plantou. Quando desarmônico, a vibração de nascimento "8" tem o estado egóico; metido a riquezas e por vezes autoritário o que lhe proporciona solidão interior, carência afetiva e sentimental. Materialmente, o sentido de posse inclui coisas e pessoas, e facilmente perde as posses que acumulou. Desconfiado, adora dinheiro, mas é descrente de quase tudo, e até certo ponto, pessimista, o que o leva a ter repentes de solidão, mau humor e até um tanto ranzinza. Qualquer vício lhe é prejudicial à saúde, principalmente o álcool, que pode lhe provocar graves distúrbios no fígado e estômago.

Nascidos dia 9

Com altos e baixos emocionais é capaz de tirar a camisa e dar ao próximo, ou não tem consciência das necessidades e dificuldades dos que estão à volta. Se deixar os outros dirigirem sua vida nunca será feliz. É tolerante e suas aptidões espirituais são para as artes e o artístico intuitivo devido à sua amorosidade e generosidade. A metafísica, o oculto, a psique o atrai. Seu maior desejo é o amor profundo, e somente o terá se souber dar-se no que tiver incondicionalmente, sem cobranças ou chantagens físicas e emocionais, caso contrário será de curta duração. Deve ser resoluto e seu gosto é por tudo, não é detalhista, perdendo-se no vaguear flutuante da mente consciente, confundindo-se nas ilusões. Se receber educação apropriada e mantiver sua espiritualidade em conexão com sua intuição perceptiva, vai a âmbito mundial na política e relações humanas. Amor incondicional é sua palavra chave, porém deve saber que você é em primeiro lugar, e que a palavra Não faz parte de seu vocabulário na hora certa.

Sexualmente: será agressivo-ativo se tiver interação emocional. É romântico, apaixonado. Idealista, se joga de cabeça com indiscrições nos relacionamentos manifestando sua excitação emocional. Tenha calma, amor não se proclama aos quatro ventos. A mente fantasiosa imagina-se o maior amante do mundo, tornando-se possessivo e apegado a ponto de necessitar do outro para sobreviver e respirar. Esse amor sufocante que os nascidos no dia 9 desejam, extingue qualquer união obrigando-o a encontrar outro modo de satisfazer seu emocional, então, é melhor se cuidar.

Carma a resgatar: sente-se amargurado quando contrariado e costuma fazer muitas cobranças interiores por necessidades de reconhecimento externo. Perde a paz de espírito e se desentende muito e infelizmente, por discordâncias, afasta amigos e os que o amam. Acaba por se tornar uma pessoa contraditória, pois sendo humanista e bondoso não deveria ser arrogante e revoltado. Qualquer vício lhe prejudica o sistema nervoso e o respiratório.

Nascidos dia 10

Intelectual, de iniciativa, é progressista e inovador. É possessivo, o lar não é seu forte. Independência, liderança e determinação são consideradas a força que desenvolve suas habilidades vocacionais executivas, de negócios, empresariais. O nascido no dia 10 é entusiasta e criativo, porém nem sempre leva seus projetos até o final, pois deve concluir o que começou. Mental, deve ser menos frio no seu modo de ação. É confiável e aprecia a diversidade fazendo várias coisas ao mesmo tempo. Gosta de estar só para análises das questões, enfim sua individualidade é seu modo de ser.

Sexualmente: ativo-agressivo de imaginação fértil e erótica. Mesmo por inteiro fisicamente em uma relação mantém sua individualidade. Suas ideias a respeito de convenções e casamento não são bem-vindas e aceitas pela sociedade; adora parceiros que são aventureiros; quando decide por alguém vai a extremos na conquista. Na sua mente é fácil conseguir o que almeja e não será difícil encontrar seu grande amor.

Desafio de aniversário 1-0 = 1. Não é 1 e sim "9" é o desafio de aniversário dos nascidos no dia 10. Avançando nesses estudos e ao chegar em desafios ou obstáculos você vai se deparar com Desafio de "ZERO", e em toda a Numerologia Pitagórica Zero engloba as 9 vibrações da tabela.

Carma a resgatar: o ego inflado e o modo persuasivo e controlador é um defeito que tende a limitar seus caminhos. Sabe como ser progressista, mas é arrogante. Impaciente e ansioso, muitas vezes deixa de lado projetos por pequenos obstáculos. Intuitivo e eficiente, pode se envolver com a filosofia espiritual, o que lhe ajudaria a evitar envolvimento com pessoas inescrupulosas que tudo farão para arruiná-lo, e caso não compreenda a necessidade de perceber essas pessoas, dificilmente terá competência para solucionar seus problemas. Deve evitar todo e qualquer tipo de vício, principalmente o fumo, pois as suas vias respiratórias são frágeis e sofrerão terrivelmente com este vício.

Nascidos dia 11

Possui o dom da intuição visionária. É brilhante e portador de inspiração e não precisa ser motivado para as ações, age por impulso e com energia indo fundo nas questões. É inseguro, inibido e difícil de ser compreendido. Muitas vezes entra em conflitos interiores por não entender seu modo de ser, pensar e agir, causando nervosismo e irritações, retraindo-se nas questões, deixando escapar suas oportunidades por medo de dar ouvidos à sua intuição. Pode perder seus ganhos financeiros por deixar os outros passarem à sua frente, ou seja, enaltecendo os que estão ao redor e ficando em segundo plano, dando força ao número 2 dentro de seu Eu interior. Deve colocar o número mestre 11 a seu favor. Tem que fazer tudo com vigor e determinação e não mudar os interesses e metas por insegurança; deve controlar suas emoções para o equilíbrio e harmonia e evitar também que os outros façam tudo do seu modo. Sua intelectualidade estimula outros e com isso segue motivado, por ter se feito entender, porém, é mais rápido nas ações e decisões que os outros, em razão de sua intuição, não os julgue nem cobre, faça sua parte que o universo trará o retorno devido. Os ganhos financeiros serão seus se ouvir o que pensa.

Sexualmente: passivo, sensível com relacionamentos permanentes, não toma a iniciativa, porém quando aquece na relação vai em frente. Compartilhar é sua satisfação. Em algumas ocasiões sente-se pronto para tudo, voando alto nas emoções, e em outras épocas fica evasivo, desmotivado. Seu ânimo oscilante para cima e para cima, porque não valoriza seu potencial por não dar força a seu Potencial estimulante, e a mente reativa entra em ação com a baixa autoestima deixando-o inseguro, desorientando assim a parceira. O cuidado que deve ter e saber dosar na expressão é sua inclinação à não convenção e meios tradicionais da sociedade à opção heterossexual. Gosta de se sentir livre nas opções com parceiras. Jamais deve se deixar asfixiar pelos pensamentos alheios, deve seguir a força do seu coração, pois é sua intuição gritante, no Eu interior, que diz para que seja o que e da forma que for, sem preconceitos, mas com felicidade.

Desafio de aniversário 1-1 = Zero engloba todas as vibrações.

Carma a resgatar: inspirado e harmônico, o nascido dia 11 possui discernimento diplomacia mesmo em situações adversas é carinhoso. Odeia viver sozinho, e é ai que mora o perigo, tende a ser exagerado nas paixões por ser muito emocional e sentimental. Se preocupa demais com o pensamento dos outros. Frustrado, costuma não impor seus padrões. Sente se bem com a liberdade. Sonhador e pouco realizador, precisa esta ocupado para se sentir eficiente. O perigo é o intelecto sufocar a intuição e quando vacila em sua psique, problemas se acumulam. É paciente, mas quando arrogante, o organismo reclama. Vícios lhe são estremamente prejudiciais.

Nascidos dia 12

Imaginativo, intelectual, dinâmico, expressivo, comunicativo. Sua habilidade convincente com as palavras guia a progressos aos que estão ao redor. Você tanto lidera como trabalha em grupos. Diplomático e verbalmente ativo, necessita se manter motivado e terminar as metas que começar. Promoções vêm a você com facilidade. Estabelece paz ao seu redor, porém sua natureza emotiva deve ser utilizada para as artes, a escrita, a pintura e palestras, assim sua energia magnética e sensibilidade serão mais bem direcionadas. Sua mente reativa consciente cria e imagina fertilmente e com rapidez, com intuição e perspicácia, mas cuide-se do ego, deve ser alegre, otimista, viver a vida sentindo a vitória em si.

Sexualmente: versatilidade e mudanças constantes na atividade sexual agressiva-ativa. Muito ardente, sexo é seu motivo de viver e tem que ser frequente. Sua tendência instável pode dificultar o relacionamento, devido à necessidade de trocas constantes de parceiros. Paquerador, atrai pessoas do tipo calmo. O ambiente para o amor é cheio de criatividade para as melhores sensações e resultados. Você é considerado um inconveniente, e perdoar lhe é difícil, você se preocupa com fatos sem importância fazendo tudo grande demais, critica muito e com isso perde a alegria e a felicidade de viver o romance a dois.

Desafio de aniversário 1-2 = -1

O Dia de Nascimento *Dom Precioso* | 89

Carma a resgatar: comunicador nato; pela expressão, persuasão e argumentação conseguem convencer todos os oponentes. É idealista e não desiste, mas deve aprender a dosar a agilidade impulsiva dessas habilidades para não ser explorado e gerar frustrações. É capaz de assumir papel de vítima, mantendo as suas conquistas afetivas em constante ansiedade e insegurança, ora apaixonado, ora indiferente e distante. Tem natural impaciência e quase sempre se deixa dominar pelo nervosismo, estando sujeito a crises de depressão. Para evitar este lado negativo da sua personalidade, deve-se manter sempre interessado em algo construtivo, de preferência ligado a atividades intelectuais. Os eventuais fracassos, as decepções e frustrações (principalmente com os 'amigos'), são causas de distúrbios no sistema nervoso, desequilíbrio do metabolismo, hipertensão e também problemas renais.

Nascidos dia 13

Grandes conflitos interiores trazem reações temperamentais. Altos e baixos emocionais em relação à segurança, inseguranças e confusões quanto a direções a seguir. É apegado à ordem, materialismo, é teimoso e convencional, caseiro, tem gosto pela natureza. É difícil de mudar, sente-se limitado e inibido sem conseguir manifestar a expressão e a criatividade. Quando mal interpretado por não saber se expressar, explode em gritos e emoções, guardando tudo no Eu interior, criando traumas e conflitos, gerando mais insegurança. Quando em equilíbrio é progressista, tem boas ideias e mantém-se em movimento. Em conflitos interiores consegue ser rotineiro, disciplinado, porém desmotivado. Seu modo frio de ser aparenta falta de emoções, mas quando magoado sente profundamente. Sua espiritualidade ou força interior é intensa, mas muitas vezes não abre sua mente para deixar entrar o novo ou as mudanças, ficando estagnado no convencionalismo. Aceita ajuda de terceiros somente se estiver realmente se sentindo desgastado, mesmo assim será difícil convencer o "13" que há a necessidade de orientação externa. Você é feliz construindo, trabalhando, vendendo e comprando.

Sexualmente: tudo depende de seu estado de ânimo, nem passivo ou ativo. Seu gosto é sem sofisticações, sendo tradicional; as carícias preliminares o satisfazem. A conveniência e a praticidade lhe são importantes. O lado sexual dos nascidos no dia 13 lhe dá menos estrutura e muito mais emotividade; tem que aprender a satisfazer seus desejos e se tornar estável o tempo todo, podendo ser infeliz na arte do amor.

Desafio de aniversário 1-3 = – 2

Carma a resgatar: A resistência em expressar suas emoções sufoca o carinho e o afeto. Não faz questão que o compreendam. Reprime os sentimentos de dores, decepções e alegria. Mostram indiferença à dedicação se mostrando frio, materialista e calculista. Sua vida é pautada pelos negócios, pela dedicação à profissão, de preferência em grandes indústrias, construção civil ou administração pública, por sendo íntegro, organizado, honesto e eficiente, rapidamente consegue um lugar de destaque nesses campos. Contrariedades e decepções, principalmente com parentes e amigos, podem lhe causar dores de cabeça, problemas na fala e no sistema respiratório; porém, consegue superar quando se autossupera na paciência e diplomacia.

Nascidos dia 14

De ações impulsivas, ansiosas, energéticas, nervosas e rotativas. É livre, leve e solto. Rotina não faz parte do seu modo de ser. Viagens atraem e aguçam sua curiosidade para novas

O Dia de NascimentoDom Precioso | 91

experiências e variedades o tempo todo que giram nessa cabeça intuitiva, prática e dinâmica, um novo aprendizado. Intuição e percepção povoam suas ideias criativas. Sua expressão fácil de entender é a forma que divulga suas ações de trabalho. Adora correr riscos utilizando a perspicácia e as emoções. Exagerado, é um paquerador e galanteador. Intuição e material ativam seus dois lados do cérebro, agindo na velocidade da mente fértil, traduzindo a expressão oral em versatilidade. Com muito jogo de cintura consegue vender tudo o que sua motivação lhe trouxer. Seu atrativo magnético e sexual ao oposto é muito forte e deve manter o autocontrole com o físico.

Sexualmente: suas "escapadinhas" aventureiras não podem atrapalhar seu relacionamento. Agressivo, ativo, seu gosto é por variedades. Conquistador, torna fácil o despertar da curiosidade do sexo oposto. Sua necessidade por liberdade não o prende muito tempo a uma determinada pessoa. Você precisa se sentir estimulado, explorar novos rumos e ter descobertas constantes.

Desafio de aniversário 1-4 = – 3

Carma a resgatar: para manter a harmonia, seu parceiro(a) deve ter os mesmos objetivos de movimentos e agitações. Por ser emotivo e gostar de tentar levar vantagens é presa fácil dos inescrupulosos, principalmente quando querem seus favores. Ao desenvolver a filosofia, as tendências materiais e emocional são construtivas. Quando o contrariam ou frustram seus ideais, pode ter problemas respiratórios, algumas alergias e até desenvolver doenças imaginárias. Ao se controlar nos impulsos confusos e ser prudente nas atitudes pode até ser bem sucedido

Nascidos dia 15

Apegado ao lar, à família e gosta de dar muito de si. Tem mente ágil, é protetor, generoso e progressista no campo científico e artístico. Teimoso nas opiniões, ajuda o próximo, porém, está ciente das suas necessidades de progresso com boas ideias e inovações. É harmônico, equilibrado e sua atração age como imã de pessoas e oportunidades, devido às suas ações discernidas e ponderadas. Consciente de suas habilidades, convive bem com os que estão ao redor, expandindo a mente dos menos favorecidos, ajustando as diferenças. Deve cuidar de não controlar ao extremo as pessoas mais chegadas, ouvir boas ideias e mudar quando se fizer necessário, avaliar e discernir através de sua intuição e forma artística de entender o que a vida, o belo, as artes e a natureza querem lhe ensinar.

Sexualmente: amante da liberdade, não é muito convencional quanto ao casamento. É fácil sua convivência, se aceitar suas regras. Não é ativo nem passivo, tudo depende de seu estado de ânimo e emoções. É cauteloso, romântico e sentimental, mantém a paz e a harmonia, sente que tem que agradar. Magoa-se com palavras mal colocadas, porém, rapidamente entende suas necessidades e resolve os mal-entendidos.

Desafio de aniversário 1-5 = – 4

Carma a resgatar: quando em evidência, o extremismo nas imposições irrefletidas gera, mesmo aos afetos, afastamentos. Entre os pesos e as medidas, as virtudes são maiores que os desmandos, mesmo em idade avançada parecerão sempre jovens e o ciúme continuará em evidência. A repressão de suas ambições, ideais ou afetos, podem lhe causar problemas no fígado, pulmões e garganta. Deve evitar o uso do cigarro.

Nascidos dia 16

Pessoa complicada. Anseia por afeição, mas não faz nada para obter. Sente-se desapontada, é nervosa, arredia, introspectiva, analítica e crítica. A família é seu suporte e você muitas vezes não valoriza a afeição, invertendo e achando intromissão de sua forma retraída e reflexiva de ser, não suportando invasões nos seus pensamentos. Sua mente é ágil e pode beneficiá-lo nos negócios, mas se der força à sua tendência à morosidade, à desmotivação, à impaciência e à intolerância vai atrasar seus projetos, devido à falta de perspicácia, intuição e sabedoria de Eu interior. Quando sua mente se perturbar tire férias junto à natureza, reflita por que o barulho o incomoda, e por que não atrai bons resultados para sua vida, lembrando que seu poder de atração é do mesmo teor do poder que emana.

Sexualmente: quando em dúvidas em relação a si, torna-se sexualmente passivo, porém se estiver totalmente motivado é ativo. Gosta de qualidade. Não é de flertar, é convencional e reconsidera o relacionamento se houver invasão de sua privacidade. Não manifesta os sentimentos íntimos, irrita-se com fatos sem importância e diz-se sempre certo. Sua total aceitação com o parceiro será com quem se sentir protegido.

Desafio de aniversário 1-6 = – 5

Carma a resgatar: o temperamento pode arruinar, levar ao desmando e transformar essa pessoa em um elemento arrogante, prepotente, orgulhoso e dominador. Aconselha-se que os possuidores deste número vivam tão altruisticamente quanto possível, que tenham pensamentos positivos, sentimentos elevados e, desta maneira, com absoluta certeza atingirão o sucesso e serão muito felizes. Um dos seus grandes defeitos é gostar que as pessoas que o rodeiam vivam conforme seus

94 | Numerologia Cármica — Conhecendo sua Missão de Vida

preceitos e, quando isso não ocorre, torna-se mal humorado e até colérico. Por esse temperamento de presunção, muitas vezes encontra-se isolado, porém, na realidade tem grande desejo de afeto e, principalmente, compreensão. Apesar de tudo isso, não suporta interferência em seus planos e projetos, mesmo quando estes não dão certos e o faz rever ou adiá-los, fato corriqueiro na sua vida. Evite as frustrações ao longo da vida (que não são poucas), essas podem lhe causar distúrbios digestivos, doenças de pele e até algumas imaginárias.

Nascidos dia 17

Orgulhoso, totalmente mental e de sentimentos profundos, tem bom julgamento, discernimento, é organizado e analítico. É seu próprio patrão e muitas vezes general de si com autocobranças. Escolhe com perspicácia seus sócios e amizades. Sua vocação e habilidades são para os negócios e sabe administrar o financeiro. Solitário, trabalha intimamente de modo oposto, gerando conflitos, ora o "gastão" ora economiza em migalhas. Ou acumula bens materiais ou não tem nada, ou despreza ou é totalmente apegado às convenções. É aventureiro e busca sabedoria e experiências adquirindo autoconhecimento. É teimoso e determinado nas suas convicções, tem gosto pela leitura técnica e científica.

Sexualmente: sempre esperando retorno dos seus investimentos amorosos. É agressivo e dominante. Orgulhoso, tem que estar no comando do relacionamento e um golpe no seu ego lhe é considerado ofensa ao extremo. Os exageros não trazem felicidade nos relacionamentos, porém é carismático. Sua independência e natureza meditativa o predispõem a ser solitário, e sua inclinação não é para relacionamentos definitivos.

Desafio de aniversário 1-7 = – 6

Carma a resgatar: solitário, trabalha intimamente de modo ambíguo, gerando conflitos, ora o "gastão", ora economiza até migalhas; ou acumula bens materiais ou não tem nada; ou despreza ou é totalmente apegado às convenções. A repressão de seus afetos, renúncia de seus planos ou falsidades (principalmente dos 'amigos') podem lhe causar dores de cabeça, problemas biliares, sanguíneos e até reumatismo.

Nascidos dia 18

De natureza amorosa é um intelectual organizado e eficiente quando quer. Dirige sua vida a seu modo com autossuficiência, generosidade e discernimento. Usa o bom-senso em todas as atividades e tem gosto pela escrita oratória e o teatro. Sua mente, o emocional e sua amorosidade são de âmbito mundial; muitos esperam muito de você, por isso gosta de viajar para aprender e ajudar. Deve entender que nem sempre as suas atitudes são entendidas por todos. É econômico e com reações emocionais, porém devido à consciência e discernimento, a razão sempre domina levando à exaustão, à discussão e ao debate, sem mudar de opinião. Seu poder de atração é a forma vigorosa e determinada de resolver.

Sexualmente: é romântico, ativo, agressivo, interage emocionalmente, porém indiscreto na frente dos outros não tendo vergonha de dizer o que pensa a respeito do relacionamento. "Eu te amo" é dito todas as noites, com pessoas diferentes. Em todo relacionamento existe o romantismo, mas tem energias e propensão para se sustentar sozinho, não se envolvendo profundamente com nenhum parceiro.

Desafio de aniversário 1-8 = – 7

Carma a resgatar: quando não envolvido espiritualmente, a tendência é se entregar ao pessimismo, é tão poderoso para o positivismo, como o é para o negativismo, com medo do desconhecido, do futuro e, muitas vezes, nesse estado, acaba sendo presa fácil para as adversidades, terminando na ruína completa. No negativo, acentua-se o humor variável, a crítica e a discussão sem qualquer fundamento. Essas variações levam-o a constantes modificações, desapontamentos, perdas e também viagens de fuga. As frustrações levam-no a perturbações cardíacas, enxaquecas, melancolia e problemas no sistema nervoso. Deve evitar o cigarro, o álcool e as drogas.

Nascidos dia 19

O sol deve brilhar em sua vida diariamente a fim de fortalecer sua energia yang de determinação, e deixe a lua fixar sua energia yin na mente consciente e inconsciente. Você tem interlúdios de sentimentos e decisões, criando altos e baixos emocionais, deixando as extremidades de uma reta ativar as duas pontas no seu caminho, gerando opostos. Seja um líder, sinta os outros em igualdade com simpatia e compreensão. Sua mente racionaliza os fatos, use esse recurso com eficiência e determinação. Seja responsável e versátil na vida pública e privada. Sua intelectualidade é sua adaptação para a liderança nos negócios, e pode ser totalmente artístico. Você não desiste facilmente e tenta terminar tudo o que começar. Suas ideias avessas a convenções são fortemente debatidas e aceitas, e seu ego se sobressai porque é sua criação que o faz voar alto. Seu talento, habilidade é a expressão criatividade e em tudo que colocar as mãos pode dar certo, se for perseverante.

Sexualmente: mente imaginativa, erótica, é sexualmente agressivo e ativo. Seu desejo é que suas necessidades sejam prontamente satisfeitas. Mesmo comprometido, mantém sua independência. Pode agir de forma possessiva nos relacionamentos, mantendo sua liberdade, mas não admite que o companheiro aja da mesma forma que você.

Desafio de aniversário 1-9=8

Carma a resgatar: possui grande poder de realização, mas se irrita com certa facilidade, tendo acessos de crises de violência que normalmente afetam sua saúde. Apesar desta negatividade, jamais guarda rancor de quem quer que seja, e rapidamente esquece qualquer ofensa de que foi vítima. Pelo seu instinto 'paternal', as decepções (principalmente com amigos), frustrações (ideológicas) e fracassos (profissionais), podem afetar o seu coração, a circulação sanguínea, a visão e também o sistema auditivo.

Nascidos dia 20

Não gosta de se sentir oprimido com trabalhos manuais, domésticos ou de responsabilidades. Diplomático, amigo sensível, cooperativo, estabiliza qualquer grupo, porém necessita que os outros tracem planos e metas para que você os execute. Seu desejo e necessidade são de um companheiro forte e determinado para se apoiar e chorar suas mágoas. Tímido, realiza-se na escrita, a sua forma expressiva é difícil de ser entendida. É afetuoso no dar e receber, apega-se àqueles ao seu redor. Aprecia a vida longe da cidade.

Sexualmente: os relacionamentos devem ser compassivos como você. A sensibilidade e a timidez não o deixam tomar a iniciativa. Sabe manter seus apetites sexuais dentro dos limites adequando-se às diversas situações. Seus encontros nunca são aventureiros. Possui domínio sobre si, é convencional na arte de amar.

Desafio de aniversário 2-0 = 7, sim é 7, pois zero engloba todas as energias.

Carma a resgatar: as decepções, frustrações e contrariedades podem lhe causar graves prejuízos ao sistema nervoso. É um ser romântico, cheio de afeto, um tanto inconstante e mutável, até certo modo vacilante, visando os fins sem se preocupar com os meios. Esta fase negativa da sua personalidade, caso não seja trabalhada com altivez, pode levá-lo à ruína material e até espiritual.

Nascidos dia 21

De natureza emocional, é muito nervoso e inseguro, desconfiando de todos à sua volta. Atrai pelo seu magnetismo, não sabe doar-se, tem como objetivo somente receber amor. Sabe comunicar-se, é expressivo e sua habilidade é a escrita imaginativa por ficção. Sua mente consciente leva a flutuações de ilusões gerando conflitos interiores e com terceiros, e apresenta tendência a depressões, ciúmes, medos e aversão a tudo o que possa realizar você. O artístico, a educação, grupos de pessoas e as coisas bonitas o atraem. Torne-se seguro e saia das ilusões que a mente reativa pode ocasionar.

Sexualmente: o sexo é importante para você, tornando-o versátil e agressivo-ativo. Como é instável, existe a dificuldade em se acomodar a uma única pessoa, pois deixa o ciúme tomar conta. Paquerador e com imaginação erótica, a mente fica tumultuada, vedando o consciente do fator principal. O ambiente físico proporciona prazeres e sua atração é por pessoas calmas, porém possessivas, que necessitam de reafirmações no relacionamento.

Desafio de aniversário 2-1 = 1

Carma a resgatar: Sua mente consciente leva a flutuações de ilusões. gerando conflitos interiores e com terceiros, apresenta tendência a depressões, ciúmes, medos e aversão as próprias realizações. É ambicioso, mas dispersivo, e dificilmente consegue acabar o que começa, deixando que os outros terminem suas tarefas e também que recebam as glórias. É emotivo, sujeito a extremos, o que pode levá-lo a um estado de depressão. Em vista dessa sua fragilidade e inconstância, encontrará sérios obstáculos na juventude, mas, por fim, terá sucesso na idade mais madura, pois tem absoluta certeza de que tudo acabará bem. Cuidado com as doenças psicossomáticas adquiridas pelas frustrações, decepções e contrariedades.

Nascidos dia 22

Confiar em sua intuição, essa é sua primeira impressão e lhe traz muita energia, porém se não conseguir entender o que sente e pensa haverá o desgaste. Deve ser ativo, mas encontre tempo para o lazer. Sua ambição deve ser a motivação que faz sua roda da fortuna girar positivamente, mas que seja na medida e para o bem comum, evitando traições ou deslizes com terceiros. Sempre ande na lei, senão o número mestre 22 entrega seus erros. Inteligente, nunca use seus dons para o mal, que será bem destrutivo. Seja íntegro, honesto, leal, trabalhador, equilibrado e harmonioso na mente consciente e intuitiva; evite essas energias enervantes da mente crítica. Você é um visionário, criativo e com potencial ilimitado, seja prático.

Sexualmente: não é agressivo, nem passivo. É equilibrado, convencional, sem maiores sofisticações. O aspecto físico lhe é importante. É prático e gosta de geograficamente ter um parceiro acessível. Tradicional, gosta de famílias bem aceitas

100 | Numerologia Cármica – Conhecendo sua Missão de Vida

e harmoniosas. Os nascidos no dia 22 devem entender que o belo cavaleiro ou a linda fada dos sonhos perfeitos não existem no plano real. Você exige desempenho de perfeição e criatividade da companheira para satisfazer suas necessidades mais simples, colocando-a em conflito com seu lado convencional e a luta interior para sair do convencionalismo. Esse intercurso e a intelectualidade são tão necessários para concretização de seus ideais quanto a forma física do relacionamento. Busque alguém com metas dignas como as suas e que esteja à procura da verdade superior.

Desafio de aniversário 2-2 = 0 – zero engloba todas as energias.

Carma a resgatar: Em vista do seu alto grau de sensibilidade, está sujeito a distúrbios psíquicos, nervosos e também alterações do sistema glandular, principalmente quando reprimem ou frustram seus ideais. Os vícios, principalmente o tabagismo e o álcool, são verdadeiros venenos para o seu organismo. Para viver adequadamente, deve manter o equilíbrio entre as emoções e a praticidade. É de certa maneira nervoso, tenso e necessita muito de repouso. Este seu lado negativo, em certos momentos, mostra certo desequilíbrio emocional, tendendo à intolerância, impaciência, não se entendendo nem consigo mesmo e, assim, vivendo em constante conflito com os mais próximos.

Nascidos dia 23

Muito prático, popular, autossuficiente, de personalidade marcante, adaptável e mutável para qualquer situação ou local. É magnético, amigo, boa companhia. É sensível e tem capacidade de compreensão porque sente profundamente. Assume responsabilidades de bom grado e ajuda o próximo, tendo também o dom da cura e a espiritualidade desenvolvida devido à sua alegria e liberdade interior. Tem caráter, é intelectual e prático. Têm habilidades manuais, criatividade, constrói e repara. Nunca está só. Sua atração física é o cuidado que deve ter para não ser tanto seduzido e deixar-se envolver sem discernimento.

Sexualmente: seu gosto por variedades sexuais o torna um amante incurável. É agressivo, ativo, considera o lado físico do relacionamento a fonte original. Sua necessidade de ser livre não o prende a um único companheiro para sempre. A necessidade é a descoberta e a curiosidade constante para lhe proporcionar estímulo, motivação e exploração. Nascidos no dia 23 gostam de conversar e suavemente fazem os primeiros contatos. Desenvolverá bem um relacionamento, se conseguir se envolver fisicamente e emocionalmente.

Desafio de aniversário 2-3 = - 1

Carma a resgatar: cuidado com a desvalorização dos outros e com a tendência ao vícios pela vida mundana, como jogos, bebidas sexo e drogas. Em virtude da sua grande sensibilidade, quando prejudicam seus objetivos ou reprimem seus ideais, pode ocorrer deesequilíbrios ligados ao sistema nervoso.

Nascidos dia 24

Sua maior capacidade de aprendizado é o poder de observação. Pode perder dinheiro por falta de disciplina e pontualidade. O tempo para você não diz nada, quando está inativo faz muitas tempestades por nada e desperdiça energias com bobagens mentais. É caseiro, trabalhador, para o bem-estar dos que ama, porém mantém sua individualidade. Deve usar, sem medos ou preconceitos, seus talentos e levar à conclusão tudo o que começar. Procure não confundir amor com excesso de cuidados ou controle da vida emocional daqueles mais próximos, assim os deixará inseguros, pois cada qual tem sua vivência para experiências. Não exagere em situações para as quais não tem o entendimento, isso o tornaria muito medroso, melancólico, com baixa autoestima e atormentador por banalidades e ciúme, tornando o apego sua fonte de vida. Cuide-se.

Sexualmente: tudo depende de seu estado e disposição. Pode ser passivo ou agressivo. Os nascidos no dia 24 são críticos demais e têm necessidade de viver com regras, crises de silêncio que enlouquecem o companheiro. A vida a dois torna-se um inferno e é difícil manter a convivência, a menos que um dos dois seja submisso a ponto de suportar tantas exigências. Quem possui espírito livre não consegue viver sob controle ou ser dominado por outras pessoas. Você atrai companheiros de mesma energia que você irradia – semelhantes se atraem. Você pode também atrair pessoas opostas à sua personalidade, ou seja, "livres"; nesse caso, elas seriam o seu aprendizado, mas é difícil, pois se você não muda, acabará magoando a outra pessoa.

Desafio de aniversário 2-4 =-2.

Carma a resgatar: não exagere em situações que escapam do seu conhecimento, isso o tornaria muito medroso, melancólico, sem autoestima e atormentado por banalidades e ciúme, tornando o apego, sua fonte de vida. No amor, caso seja muito sonhador, ardente e romântico, dificilmente se ajustará à vida monótona da afetividade, pois se sentirá incompreendido e solitário. Em virtude da sua grande sensibilidade, tem tendência a proteger os fracos e oprimidos e a se deixar levar pelo sofrimento alheio, esquecendo de suas prioridades se tornando frustrado. O cuidado maior é a tendência negativa para o ciúme, a preguiça, a censura e a preocupação exagerada. Estes predicados negativos podem lhe causar crises psicológicas e levá-lo ao fracasso e a

O Dia de NascimentoDom Precioso | 103

todo tipo de doenças psicossomáticas. Para ser feliz e vencer na vida, tem a necessidade de receber aplausos por todo o empenho, pois caso contrário as tendências negativas especificadas acima se acentuam.

Nascidos dia 25

Sua forma de ser nem sempre é compreendida, pois pensam que sua cabeça está nas nuvens e você não leva seus objetivos à conclusão. É talentoso nas artes, muito intuitivo e idealista. Deve estudar e tentar sair dessa preguiça melancólica e desperdiçar energias mentais. Sua tendência é vaguear na mente sem efetivar seus planos. Sua natureza afetiva esconde-se atrás de uma suposta frieza; deixe fluir seus sentimentos. Quando se disciplinar terá sucesso em qualquer área artística inclusive no canto e na instrumentação. Intelectual, mas muito criticado por não dar atenção aos assuntos cotidianos. O oculto e a vontade interior de autoconhecimento lhe fascinam, então, escolha a metafísica como aprendizado de vida.

Sexualmente: possui variações sexuais de acordo com seu estado mental e interior. Não é de flertar, prefere relacionamentos maduros e a certeza que vai acordar com alguém. Não suporta indiscrições do outro. Deseja alguém intelectual com aparência física excitante e inteligente. Você é um amante pacato e atencioso, sempre aberto a inovações. Sua mente cria fantasias e passeia nas ilusões, porém não esqueça que o lado prático do sexo deve ser vivenciado.

Desafio de aniversário 2-5 =-3.

Carma a resgatar: apesar das decepções com pessoas que tendem a se aproveitar de sua boa vontade, suas frustrações e seus fracassos ocasionais, enfrenta tudo com muita valentia, mas pode ter problemas estomacais, como úlceras, sofrer de algum mal cardíaco ou pulmonar, na qual é recomendada a total abstinência ao tabagismo. Possui os dons perceptivos, mas subestima as próprias qualidades. Deve evitar o hábito do álcool, pois seu organismo frágil não suporta tal vício, embriagando-se com certa facilidade e, dessa forma, metendo-se em confusões que jamais entraria se estivesse sóbrio.

Nascidos dia 26

Detalhista, generoso, doméstico. Cuida bem do que é seu, é amoroso e bom parceiro no casamento. Tem talentos artísticos, boa carreira profissional e muito sucesso, porém é muito introspectivo e pensa muito no que já passou, desgastando-se em energias que não voltam mais, perdendo seu tempo no presente, esquecendo que o futuro somente chega com o presente bem estruturado, e mediante a conclusão de tudo que for iniciado. Estude, persevere, seja prático e encontre novos rumos para seu mundo.

Sexualmente: você é dominante e ativo, mas se houver desarmonia no lar seus desejos serão afetados. Em desagrado, busca compensações na profissão e como refúgio encontra atividades que não incluem seu companheiro ou companheira.

Desafio de aniversário 2-6 =-4.

Carma a resgatar: Tende a irradiar superioridade, que com certeza lhe garantem certas inimizades e algumas perturbações. Quando é contrariado, torna-se agressivo e mal-humorado. Frustrações e decepções podem lhe causar problemas biliares, dores de cabeça, reumatismo e problemas de circulação sanguínea. Quando solitário, e de certa forma incompreendido,

O *Dia de Nascimento*Dom Precioso | 105

parecendo frio e calculista, na realidade, é uma extraordinária alma humana, sempre pronto a ajudar os fracos, os amigos e aqueles que necessitam de ajuda humanitária.

Nascidos dia 27

Possui liderança inata, é filosófico e de pensamentos abstratos, deve aprender o profundo do autoconhecimento para não ser tão confuso com suas crenças interiorizadas; sempre se acha certo e sutilmente tenta convencer. Odeia ter que dar respostas de suas ações, mas adora ser perguntado sobre seus negócios para demonstrar seus conhecimentos. É amável com os membros da família. Materialista e espiritual de modo que somente suas ideias são válidas, tornando-se inconstante ou mutável, dependendo da ocasião. Gosta de ajudar o próximo, e deve sempre reavaliar seus valores, seu tempo e o modo de pensar e agir.

Sexualmente: casamento pode não ser o seu forte, mas é inclinado para a união a dois. Deve haver interação emocional ou um caso de amor do pescoço para cima. Sexualmente agressivo, ativo, cria muitas fantasias sexuais e sua energia física não acompanha tanta capacidade mental. Não seja possessivo e não deixe que o apego em excesso possa sufocar seus sentimentos.

Desafio de aniversário 2-7 =-5.

Carma a resgatar: dificuldade em manter a concentração e a persistência. Como lhe parece fácil realizar qualquer coisa, inclina-se a protelar tudo. É pacifista e jamais procura problemas, tende a se tornar violento quando atingido por injustiças e ingratidões. Caso não tenha uma existência superior e altruísta, as frustrações, fracassos e decepções podem lhe causar perturbações cardíacas e algum tipo de problema emocional. É afetuoso, emotivo, nervoso e de certa maneira um tanto extravagante, principalmente em se tratando de sua aparência. O amor, a afeição e dedicação ao semelhante representam muito e é capaz de grandes sacrifícios pelos que ama.

Nascidos dia 28

Você é contra tudo, avesso a convenções, não cede as pressões do sistema, usa e abusa de sua liberdade, é ambicioso e leva as metas até a exaustão sem se desviar do propósito. Sentir-se realizado é sua satisfação e sucesso, desde que tudo seja da sua maneira. Você é sensível e por trás de seu hábito de sonhar acordado está a preguiça que certamente desvia o caminho da ambição. É amoroso, mas tem uma natureza complicada. Você valoriza tudo em uma proporção muito grande, exagerando nos conceitos e depois caindo na decepção. Analise mais essa natureza emocional e valorize o que é real.

Sexualmente: ativo-agressivo com imaginação erótica e sabe compartilhar ganhando a confiança da companheira, para conservar sua independência. Espírito aventureiro, avesso a casamento, conquista quem assim também o é. Magoa-se facilmente tratando tudo de forma pessoal, podendo ir à ruína emocional; você consegue compartilhar negócios com vida amorosa.

Desafio de aniversário 2-8 =-6.

Carma a resgatar: mostra-se tímido, com muitas queixas e de natureza doentia. O problema está em suas imposições, o que aumenta os aborrecimentos e desapontamentos por lhe faltar o espírito competitivo e a vontade de cumprir com os ideais. Falta-lhe a base de sustentação, otimismo e autoconfiança. Deve entender que é o egoísmo material e intelectual que não o deixa entender a natureza humana.

Nascidos dia 29

Intelectual e de grande capacidade de realização. Facilmente entende os problemas de terceiros. É radical nas crenças e opiniões, porém inspirado, com intuição e percepção que lhe guiam. Para você não existe meio-termo ou o extremo feliz alegre, ou a depressão ou a completa autodestruição. O lar é seu abrigo seguro, mas é difícil conviver com um extremista temperamental, nervoso, irritado e impaciente, desejando o controle dos mais próximos; ou você pode ser alguém que viva somente para seu umbigo. Use sua natureza amorosa para bom convívio, faça ações bem planejadas, sua força interior deve vir à tona, não para confundi-lo, mas para ativar sua fluidez diária. Para melhor controle emocional deve estudar o auto-conhecimento metafísico, devido ao número mestre a que sua data de nascimento se reduz. E toda essa inconstância é pela sua espiritualidade não estar em evidência.

Sexualmente: passivo, sensível e deseja relacionamentos permanentes. Sua imaginação alça voos e você sente-se pronto para tudo, de repente o ânimo por qualquer palavra oscila e desaba seu mundo. Na busca pela pessoa perfeita você não deixa passar nenhum defeito. Observe o que tem dentro de si em primeiro lugar para emanar e atrair exatamente o que sente e perceba se é bom. A autoanálise ajudará você a encontrar seus caminhos e a não encontrar defeitos nos outros. Você pode estar confundindo sexo com amor.

Desafio de aniversário 2-9 =-7.

Carma a resgatar: é o número do casamento e dos divórcios ou separações. São inúmeras decepções afetivas e sofrimentos. Perde muita energia com tendências a se tornar agressivo fisicamente, quando os seus princípios são violados e os desejos são contrariados até tornar-se irascível e até insuportável. As frustrações, desenganos e derrotas eventuais podem lhe causar perturbações estomacais e nos demais órgãos do aparelho digestivo, ou mesmo moléstias de difícil diagnóstico que se curam de maneira misteriosa. Tem tendência a obesidade e, por isso, deve controlar a alimentação e bebidas. Fumar é altamente prejudicial a sua saúde.

Nascidos dia 30

Magnético, intuitivo, energético e de vitalidade. Muito otimista, gosta de usufruir o melhor lado da vida, porém no trabalho transfere as tarefas para os outros. Muito amigo, sociável e com opinião, mas às vezes impõe aos outros a sua forma de pensar. Possui imaginação e encanta com seu jeito e expressão. Sabe dirigir com liderança, porém deve tomar cuidado com seu emocional para não prejudicar sua intuição. Analise a necessidade de fazer intrigas e de buscar constantemente elogios através da autopromoção, pois isso gera conflitos.

Sexualmente: cuidado para que seus flertes não sejam mal interpretados. Agressivo e versátil na arte de fazer amor. Sexo deve ser frequente para sua realização. Cuidado em pular de cama em cama, somente envolva-se em um relacionamento quando realmente estiver certo do que deseja. Sua maior necessidade dá-se por falta de ouvir sua intuição, desperdiçando energias em várias direções em busca de atenção dos outros.

Desafio de aniversário 3-0 = 6. Sim é 6, é o mesmo que 3-9=6, pois zero engloba todas as vibrações.

Carma a resgatar: ao ser criticado deixa a raiva em evidência. Essa vibração "30" é poderosa no salmo bíblico, mas no dia de nascimento, complica os movimentos espirituais desse elemento

AR. O número 0 (zero) à direita do 3 (três) mostra claramente que existe uma tendência a autoanulação e a autodesvalorização, subestimando-se em demasia. Precisa constantemente se conscientizar de seu grande valor e de sua habilidade em superar dificuldades e, principalmente, impor-se antes a si próprio, para depois conquistar o respeito e a admiração dos demais. Em virtude da sua grande sensibilidade, quando atrapalham seus objetivos ou reprimem seus ideais, pode sofrer desequilíbrio no sistema nervoso. Deve ter cuidado ao tentar conquistar seus objetivos de forma ilegal, fraudulentamente, usando de artifícios pouco convencionais e cruéis, e como não consegue disfarçar seus sentimentos, quase sempre é pego e acaba se arruinando e arruinando os parentes, principalmente aqueles mais próximos, como filhos, irmãos ou cônjuge.

Nascidos dia 31

Muito rancoroso, tem que fixar objetivos de responsabilidades para dar sentido à sua vivência. Muito desconfiado, não segue seriamente sua pisque ou vontade de entender o oculto. Sua mente sonha alto, então discipline suas metas, organize os rumos, você tem talentos para os negócios, campo artístico e literário. Você não suporta a rotina doméstica, mas não sabe viver só. Não leva suas metas adiante porque não é realista ao iniciá-las. Valorize a rotina, o sistema, cuide-se do excesso de extravagâncias.

Sexualmente: nem agressivo, nem passivo. É equilibrado. O aspecto físico lhe é importante no relacionamento. O lado prático, a conveniência e a estrutura familiar são motivos para a escolha do parceiro. Os nascidos no dia 31 têm que se esforçar para a vida doméstica, pois no fundo desejam a liberdade de ir e vir e seu próprio modo de criar raízes.

Desafio de aniversário 3-1 = 2.

Carma a resgatar: não suporta viver só, mas é complicado o relacionamento com o temperamento dessa vibração. É teimoso e insistente em seus pontos de vista, ficando profundamente desapontado consigo mesmo quando não consegue realizar seus objetivos e muitas vezes joga a culpa nos que o ajudam e amam. Quando desarmônico pode desenvolver problemas na cabeça e cardíacos. Valorize a rotina, o sistema, cuide-se do excesso de extravagâncias. Sua mente sonha alto, então, discipline suas metas, organize os rumos.

✳✳✳

É na rotina diária que a conduta e o temperamento da ação consciente se supera, é importante elucidar que a finalidade desse estudo é obter as referências de como superar os desafios na rotina diária ou obstáculos existenciais.

A Numerologia Cármica é vivida na rotina onde se supera os desafios diários em função da missão a cumprir ou lição de vida ou dívidas das essências anteriores ou ainda dependência com a motivação da alma.

Com o estudo da Numerologia Cármica é possível entender se ocorrem bloqueios durante a vivência nos 3 grandes ciclos de vida, o formativo o do Poder e o da colheita ou sabedoria, esses calculados da data completa de nascimento: dia, mês e ano.

É fundamental esse conhecimento para atrair as oportunidades na carreira profissional com a vocação, talentos e habilidades, a fim de se realizar com o potencial de que é possuidor e cumpridor do papel destinado para esta vida.

Plano de vida

Vamos agora conhecer o esquema do Plano de vida. Aqui não se faz necessário o aprendizado de como chegar aos resultados dos cálculos, já que esse estudo destina-se ao numerólogo profissional pitagórico.

Triângulo divino

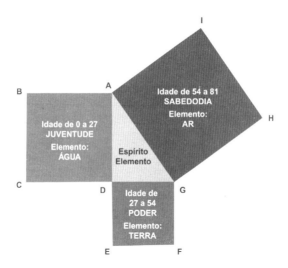

Cada grande ciclo de 27 anos é uma preparação para o outro ciclo de 27 anos e dentro de cada grande ciclo existem 3 epiciclos de 9 em 9 anos em que o ano pessoal de cada momento de vida tem influência nos resultados dos desafios.

Em cada 1 epiciclo de 9 anos ocorrem as mesmas situações do epiciclo anterior de 9 anos, o que significa que não houve a evolução durante o período, então pode ser considerado um *Período Cármico*.

112 | Numerologia Cármica – Conhecendo sua Missão de Vida

O 1º ciclo de vida equivale ao 1ª quadrado do esquema do Triângulo Divino, são 27 anos ou 3 epiciclos de 9 anos, é o ciclo da formação ou da juventude. Corresponde ao elemento Água. É a vibração do mês de nascimento.

É a preparação das circunstâncias das condições; é aprender a lidar consigo próprio, com o social, amigos e familiares. É a preparação da carreira com a vocação de ambientes que o atrai. Aprender com as experiências. No ciclo formativo, a criança e o jovem desenvolvem o condicionamento e a expansão da mente. A idade é do nascimento até 27 anos.

O 2ª ciclo de vida equivale ao 2ª quadrado do esquema do Triângulo Divino, são 27 anos ou 3 epiciclos de 9 anos, é o ciclo do Poder. Corresponde ao elemento Fogo Terra. E a vibração do dia de nascimento que revela o dom habilidoso, a vocação para uma carreira profissional. É o ciclo das conquistas das realizações físicas, materiais. A idade é de 28 até 54 anos. No ciclo do Poder, a mente manifesta as formas condicionadas.

O 3º ciclo de vida equivale ao 3ª quadrado do esquema do Triângulo Divino, são 27 anos ou 3 epiciclos de 9 anos, é o ciclo da Colheita ou Sabedoria. Corresponde ao elemento Ar. É a vibração do ano do nascimento, o tempo da consecução e das revelações do plantio dos ciclos anteriores com as experiências adquiridas da evolução ou da involução da motivação dos ideais da alma. É fundamental o ano de nascimento para a vibração da energia Cármica. A idade é a partir dos 54 anos. No ciclo da sabedoria. A mente entende até onde cumpriu a missão vencendo os obstáculos e gerando os carmas ou Dharmas vivenciais, as realizações ou frustrações para o desenvolvimento da alma. É o ciclo que movimenta o espírito para a calma ou aflições das mentes.

Finalmente, o ciclo constante da vida toda, o Triângulo que é a soma do mês do 1ª quadrado + o dia do 2ª quadrado + o ano de nascimento do 3º quadrado, equivalente à missão ou lição de vida deste plano e que dessa mesma fórmula serão gerados os cálculos dos desafios que devem ser superados durante a vivência.

A importância desse estudo é conhecer os ciclos e compreender que desafios devem ser superados para a realização física, material e emocional de cada epiciclo, consequentemente, a evolução do espírito conscientemente.

Abaixo, a composição do Triângulo retângulo "DIVINO" no meio do esquema plano de vida.

- Na linha cateto vertical = mês de nascimento no quadrado do ciclo da formação.
- Na linha cateto horizontal – dia de nascimento no quadrado do ciclo do poder.
- Na linha da hipotenusa – ano de nascimento no quadrado do ciclo da sabedoria.

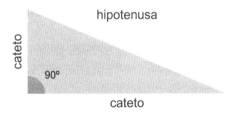

Cálculos matemáticos

É preciso entender a missão e seus acontecimentos nas diversas situações da vida para vencer os obstáculos ou desafios. A sequência para calcular os desafios é a mesma da fórmula da missão de vida. Mês + dia + ano de nascimento.

Observemos as análises das características pessoais do dia de nascimento e o *Carma a Resgatar*, (a palavra Carma aqui significa ação e reação), no ciclo do poder, sim, ciclo do poder. É importante ressaltar que o dia de nascimento revela os dons de nascimento para as realizações pessoais. Isso significa que uma análise apenas não é reveladora, pois a conclusão se dá por meio da apuração das informações, em conjunto.

Acompanhe a fórmula simples para detectar um número Cármico na **Missão da Vida Atual (MVA)**

- PE + PI + RVA = MVA. O resultado é a missão com os movimentos do espírito, consciente, com o elemento Ar, sem tempo sem espaço. Dessa forma, o pensamento plasma no éter vital, mas o som vibra no Ar.

- PE = *Personalidade Exterior*. Revela como o indivíduo se porta perante os outros, na família, na comunidade, no social diante do mundo com o que já está psicossomado dentro de si, mas ainda não evoluído, é ciclo de formatação. É a vibração do mês de nascimento, é a energia do ciclo de formação para desenvolver os dons da vocação e das habilidades.

- PI = *Personalidade Interior*. É a vibração do dia de nascimento. O que o indivíduo já está evoluído, formatado, consigo mesmo, desde o ciclo formativo. A energia que deve buscar com os dons talentosos evoluídos de outras essências e reformatados no ciclo da formação vida. A influência é no ciclo do Poder.

- RVA = *Regência da Vida Anterior*. É a vibração do ano de nascimento, é a energia do que regeu a essência anterior até o dia da desencarnação, e complementa na atual vida as vibrações anteriores para o resgate até o final da vivência.
- MVA = *Missão da Vida Atual* é a soma do PE + PI + RVA. Essa será a missão desta vida, a lição de vida que traz o equilíbrio e a harmonia para o caminho correto da vocação da carreira, abrindo oportunidades de sucesso com os talentos habilidosos de que são possuidores.

Tomemos um exemplo prático, a fim de elucidar bem mais essa questão do ano do nascimento. Nascimento 05/09/1955 – Será cármico esse nascimento?

Então, vamos analisar:

- Mês 9 = PE
- Dia 5 = PI
- Ano 1955 = 20 =RVA
- MVA = 34/ que se reduz a 7

Portanto: 9 + 5 + 20 = 34, então 3 + 4 = 7; é necessário reduzir porque 34 ultrapassa as 22 vibrações da taromancia. Caso não ultrapasse as 22 vibrações, não há necessidade de redução.

Análise:

Não constam obstáculos cármicos pela data de nascimento e lição de vida, mas ainda há a análise da pirâmide e dos desafios para cada momento de ciclo de ano pessoal para confirmar essa conclusão.

Vamos consultar as vibrações numerológicas com a taromancia conforme demonstrado:

Vibração 7 — O Carro.

A vibração da energia cabalística do 7 permite que o indivíduo desenvolva PES, percepção extrassensorial e a utilize a seu favor. É dinâmico, intelectual, intuitivo, estudioso e teórico, busca o conhecimento, a sabedoria e a perfeição. É mais exigente consigo mesmo do que com os outros. Não gosta do trabalho manual, da rotina e menos ainda do trabalho braçal. Ama o mistério e procura compreender as leis espirituais. Analítico, busca explicações científicas para fenômenos que a nossa ciência ainda não pode explicar. Metafisicamente, seu cérebro é desenvolvido com inteligência e seu pensamento é lógico, prático e racional. Dizem que por ser 7 é muito espiritualizado, engano, pois o 7 é cético, mas propenso a desenvolver doenças relacionadas às glândulas do cérebro, tumores, vícios como o álcool, drogas ou ainda se enclausurar em igrejas devastadoras de mentes para se esconder de seu verdadeiro espírito evoluído. A lâmina do carro revela vitórias em relação às desvantagens e obstáculos. Será cármico se passar por cima dos outros para levar vantagens.

A pirâmide invertida da lição de vida — Missão da vida atual

Essa análise fecha a conclusão, mesmo que no cálculo da fórmula.

PE + PI + RVA = MVA. De acordo com o cálculo não há um carma a ser resgatado nesta vida atual, no entanto, a pirâmide pode revelar que existe um carma limitando ou bloqueando a fluidez atual. Retomemos o nosso exemplo:

O Dia de NascimentoDom Precioso | *117*

MARIA APARECIDA	Nascimento 05/09/1955 = 34/7 MVA
4 1 9 9 1 1 7 1 9 5 3 9 4 1	1ª linha – valores das letras, tabela pitagórica
7 7 7 7 7 7 7 7 7 7 7 7 7 7	2ª linha – energia vibratória do MVA
2 8 7 7 8 8 5 8 7 3 1 7 2 8	3ª linha – somar a 1ª com a 2º linha e reduzir
1 6 5 6 7 4 4 6 1 4 8 9 1	4ª linha – somar o número anterior com o posterior
7 2 2 4 2 8 1 7 5 3 8 1	5ª linha – somar o número anterior com o posterior
9 4 6 6 1 9 8 3 8 2 9	6ª linha – somar o número anterior com o posterior
4 1 3 7 1 8 2 2 1 2	7ª linha – somar o número anterior com o posterior
5 4 1 8 9 1 4 3 3	8ª linha – somar o número anterior com o posterior
9 5 9 8 1 5 7 6	9ª linha – somar o número anterior com o posterior
5 5 8 9 6 3 4	10ª linha – somar o número anterior com o posterior
1 4 8 6 9 7	11ª linha – somar o número anterior com o posterior
5 3 5 6 7	12ª linha – somar o número anterior com o posterior
8 8 2 4	13ª linha – somar o número anterior com o posterior
7 1 6	14ª linha – somar o número anterior com o posterior
8 7	15ª linha – somar o número anterior com o posterior
Fundo da Pirâmide= 6	É possível a análise de acordo com as vibrações do número "6" das vibrações pitagórica. Entretanto, será considerado número cármico na missão divinamente destinada a esse plano se na penúltima linha, 87 da Pirâmide, dígito duplo, constarem 13,14,16 ou 19. Neste caso, não constam os respectivos números. Não constam números sincrônicos

Após essa apuração de dados, o numerólogo deve informar ao cliente os números para jogos. *Somar linha a linha para mais informações de números da sorte.*

- A unidade é 6.
- A dezena é 87.
- A centena é 716.
- A milhar é 8824.

Observação: aconselha-se o preenchimento do quadro do resumo.

Dica: O leitor ou o numerólogo pode utilizar as vibrações dessa pirâmide e/ou de qualquer uma das outras pirâmides desse estudo para obter as informações para os números da sorte.

É fácil, basta somar linha a linha de cada pirâmide e obter números para jogos.

Você também pode encontrar mais opções para jogos. Por exemplo: Na pirâmide invertida da MVA a unidade é a última linha ou o fundo da pirâmide = 6

- A dezena é a penúltima linha da pirâmide = 87
- A centena é a antepenúltima linha da pirâmide = 716
- A milhar é a linha de cima da pirâmide = 8824

Boa sorte.

Próxima análise:

Revelação do carma 19 com as ausências de talentos ou letras no nome das vibrações 2,6,8 e o Dom do nascimento com instruções do desafio do carma a resgatar. A inclusão da missão desta vida nas indicações das análises é um importante tópico para detectar se ocorre um carma na missão divinamente destinada a esse plano de vida.

O *Dia de Nascimento*Dom Precioso | *119*

Para conclusão mais apurada dos caminhos a seguir com a "*MVA*" – *Missão de Vida Atual*, oriente-se com essas informações.

1. Precisa aprender a ser original, a ter força de vontade. Tem o dever de ser criativo e inovador, deve ter a coragem e o impulso para penetrar novos campos da expressão e ser um pioneiro. Deve sempre seguir em frente, e nunca recuar. Às vezes, poderá ser dominante e obstinado, pois não gosta do ser limitado nem dirigido. É um bom executivo. Trabalha melhor quando está sozinho. É, comumente, bom organizador e eficiente. Não é rotineiro, mas um reformulador. Em geral gosta de esportes e do atletismo, e sente prazer nas vitórias. É sofisticado, não emocionalmente romântico e sempre aparece com destaque em grupos sociais e comerciais. Aprendendo as lições do número 1, familiarizar-se-á intimamente com a energia Divina, essa centelha independente que sonda, procura e move toda a Criação. É criativo no plano físico porque o seu espírito pioneiro precede o de todos, expressando a sua individualidade única.

2. Está aqui para aprender a ser um bom combinador. É um bom vendedor, mais persuasivo do que pressionador. Deve apoiar os que ocupam a liderança, ajudando-os a encontrar suas metas de vida e permanecendo nos bastidores, se necessário. Essa qualidade poderá ajudá-lo nos negócios, pois aqueles que se beneficiarão com os seus talentos ajudá-lo-ão, por sua vez, a fazer uso das suas habilidades. Em parcerias ou em grupos, encontrará as lições a serem aprendidas nesta vida. O sucesso é, então, bastante possível. Deve ter consideração pelos outros e reunir as pessoas em torno de uma causa comum. Várias profissões estarão abertas à medida que aprender a se adaptar à maioria das coisas a ser feita. Poderá escolher uma carreira nas finanças, na música, na medicina, na religião ou na estatística, nas pesquisas. Diplomático, é uma pessoa sensível e

120 | Numerologia Cármica – Conhecendo sua Missão de Vida

de grande ajuda no convívio social e na cura. Deve estudar o autoconhecimento, a metafísica e outras áreas para o alívio das tensões interiores.

3. Você é superior em ocupações intelectuais, artísticas ou criativas. Tem necessidade de se expressar, de se manifestar e de observar os resultados de seu trabalho. Suas palavras-chave são beleza, fecundidade, luxúria e prazer. Deverá ter ambição e orgulho. Deverá se tornar consciente da lei e ser um excelente disciplinador, alcançará uma posição de autoridade sobre os outros. O 3 combina a coragem do 1 com a cautela do 2. É um número de autoexpressão e liberdade e é extravagante no uso das energias para alcançar a liberdade. Deverá ter cuidado para não se tornar um homem dos sete instrumentos: em vez disso, terá de se especializar. Poderá, então, ser bem-sucedido no campo artístico, religioso ou inventivo. Nunca se limitará a uma rotina, pois é avesso às restrições. Deve trabalhar sozinho para alcançar maiores resultados. As parcerias nos negócios tornam-se disciplinadoras demais para a sua natureza amante da liberdade. Poderá escrever, lecionar, ensinar ou encontrar o seu lugar no jornalismo. Qualquer que seja a área em que se especializar, deverá seguir sua inspiração e intuição, usar a oratória e os talentos criativos.

4. Tem que construir uma base sólida sobre a qual fundamentar a sua vida. Isso requer um sistema bem organizado de conduta e moral. A administração ou algum tipo do gerenciamento seriam a melhor forma do emprego. Deseja que sua vida doméstica seja idêntica à cultura em que vive. Cuidar bem daqueles que amar, tendo como expectativa que reajam com respeito e dignidade. Deverá se tornar um trabalhador diligente e conseguir o sucesso com honestidade. Por ser econômico, deverá ter uma poupança adequada como segurança contra quaisquer possíveis perdas. Precisará aprender a não assumir nenhum risco, a não ser que seja com segurança. Deverá procurar metas elevadas e desejar obter resultados concretos rapidamente. Por esse motivo, terá de se empenhar com paciência e perseverança. Aprenda a encarar a realidade e esforce-se por raciocinar de modo sadio e prático.

5. Sua palavra-chave é liberdade. Se tiver "rédeas livres", poderá conseguir milagres, mas caso se sinta amarrado ou limitado, perderá o entusiasmo e conseguirá pouco. Trabalhos voluntários lhe atraem, pois tem facilidade em aprender com as viagens e a experiência. Caso esteja interessado no assunto específico, será um estudante diligente, mas poderá falhar em matérias nas quais não vê utilidade. Você não gosta de monotonia e burocracia, é muito prático e ansioso, resolve tudo rápido. Em seu empenho por conhecimentos, interessa-se a descobrir respostas através dos livros e revistas. Leitor ávido, orador fluente e executor versátil. É conversador engenhoso e abrilhantará qualquer grupo com sua simples presença. Está aqui para aprender e experimentar o valor da liberdade, mas não deve se prender em demasia. Os seus talentos, uma vez aprendidos, preparam-no para uma carreira literária em vendas ou no trato com o público.

6. Está aqui para aprender o senso de responsabilidade para com a família e a comunidade. O 6 é a vibração do amor e do lar e requer que seja responsável às necessidades sociais dos outros. Deverá adquirir um refinado sentido de equilíbrio para poder igualar injustiças. Esse senso aguçado produz habilidades artísticas bem como talentos judiciais que poderão ser utilizados no sistema legal. Deve desenvolver a compaixão e a compreensão, necessárias para aliviar o fardo daqueles que serão naturalmente atraídos na sua direção. Está entre os que servem, ensinam e trazem conforto à humanidade. Tem pela frente um amplo leque de profissões entre as quais a enfermagem, o ensino, o serviço social, o clero, a medicina, a administração e outros lidam com o social e as emoções. Pode também definir as artes, decoração de ambientes, Feng-Shui, estética.

7. Está aqui para usar e desenvolver a mente. Suas palavras devem ser de sabedoria quando se decidir a falar. Uma forte intuição ajuda-o em qualquer campo que escolha e lhe permite grande discernimento, quando necessário. Eventualmente, será um enigma para os outros, e até para você mesmo; às vezes, gosta de ler, pensar, meditar. Muitas vezes necessita confiar na força do espírito para resolver problemas difíceis. Poderá investigar o lado oculto, misterioso e fenomenal da vida. A música e outras artes estão em harmonia com suas notas-chave. A Igreja, a ciência, a pesquisa e a análise tendem a atrair o seu interesse. Uma carreira na área que necessita raciocínio lógico é possível devido a seus talentos de racionalizar as questões com perfeccionismo. Deve aprender a passar algum tempo em solidão junto à natureza, a fim de meditar e se autorreavaliar, sem se criticar e entrar em contato com seu eu interior.

8. Este é o número do poder, da ambição, o número do executivo, do chefe, que vive do cérebro e da força física. Realizado no trabalho, deseja que todos ao redor sejam esforçados, motiva as pessoas, por ser bem-sucedido em seus objetivos; lidera e mostra com os exemplos, como lucrar nos negócios. Está aqui para aprender a lidar com o poder, a autoridade e o dinheiro. Poderá construir um império comercial, deve trabalhar nesse sentido. Deseja o sucesso para sua família e a honra do mesmo na sua descendência. Possuidor de resistência física é um vencedor tanto nos esportes quanto na vida afetiva ou sentimental.

9. Deverá ser o amante universal da humanidade, paciente, gentil e compreensivo. Está no topo da expressão da vida e deve estar preparado para indicar o caminho a outros. Aprenderá como receber a sabedoria de cima, desse modo sabe que o

O *Dia de Nascimento*Dom Precioso | 123

verdadeiro caminho da felicidade é servir com amor sem esperar retorno "incondicional". É do tipo conjugal, forte na paixão e na compaixão. Adquire dinheiro ou riquezas com facilidade e sabe como preservá-los. Nunca é mesquinho, lida com conceitos amplos e pode ser bem sucedido, apesar das adversidades. Está aqui para mostrar o caminho aos outros, através da sua amplitude de pensamentos. Poderá escolher entre várias profissões; a educação e a medicina são as mais comuns, oratória e expressão escritora ou conferencista, com igual facilidade. Sua alta sensibilidade, amor e capacidade fazem de você o melhor de todos os seres humanos pelo altruísmo que emana e recebe de volta.

11. Palavras-chave aqui são altruísmo e comunidade. Sua vida é de provações para chegar à autossuperação. Deve praticar o lema "amar o próximo como a si mesmo" e se fundamentar nesse dito. A sua forte intuição é valiosa para conseguir sabedoria e inspiração. O 11 é uma das vibrações mais difíceis, devido à demanda por padrões mais elevados constantemente. Tem de ser paciente, mas ao mesmo tempo tomar decisões rápidas. Procure o equilíbrio entre a vida material, física, que necessita ser considerada, e a vida espiritual, de inspiração, que está subordinada à sua autocompreensão. Pode ser bem sucedido no campo das ciências, e de novas criações científicas, da eletrônica, e da astronomia ou no campo da astrologia; você será bem sucedido em todas as profissões devido ao número mestre 11, mas só se tiver perseverança. É original e criativo e pode se tornar um orador inspirado. Esse número tem importância espiritual. É de grande percepção extrassensorial (PES). Dá coragem, poder, fama e fortuna, devido aos talentos de liderança que possui. Ao deixar que o poder lhe suba à cabeça, em função de denegrir a imagem alheia, na forma de você se sobressair, então perde sua fonte tornando-se um número de redução. Sua necessidade é de se doar ao humanitário e vencer pelos seus méritos, que o reconhecimento é seu.

22. Tem a necessidade de expressar o autocontrole de forma completa. Muito visada, essa energia forma grandes executivos humanitários, inteligentes, trabalhadores, práticos e honestos para grandes grupos empresariais, ou organizações de âmbito mundial, e com pessoas muito importantes. São orientadores e líderes. Esse número mestre inspira seu possuidor e ilumina as metas fixadas e perseverantes. O autoconhecimento lhe é valioso. Seu sucesso é garantido. O status, o reconhecimento, a fama e a fortuna serão atraídas por você, quando entender que suas ações geram essa reação, que deve ser positiva, na ajuda do próximo com empregos que administra, com habilidades executivas, pelos ajustes físicos e espirituais de seu modo de viver. Tem gosto pelo holístico e o oculto lhe atrai. O ramo financeiro é seu forte, porém possui talentos para ser um sucesso em qualquer área que escolher. Deve ser educado, diplomático, honesto, trabalhador, metódico e pontual.

Atenção: É fato que em nossa vivência agimos e reagimos nos ciclos das voltas que a vida dá, mas para que nesse 'Tempo Cíclico' o destrutivo se transforme em construtivo e ocorra o resgate por aprendizados dos sentimentos cármicos, tenha em mente o caminho a seguir com essas informações.

Indicações de caminhos a seguir com a MVA

1. Sua independência, criatividade e pioneirismo são o seu progresso, não dependa de ninguém para nada. Sua determinação e vigor são a sua forma de seguir. Sem medos e com ideias e ideais, com método e ordem, siga individualmente. Seu processo é trabalhar por conta, não aceita ordens, mas deve estar aberto para aprender sempre. Evite pensar que é o sabe-tudo ou dono da verdade, pois muitos seguem suas ideias e liderança, mantenha-se firme e perseverante nas suas metas.

2. Seu destino se cumprirá quando entender que é cooperativo às necessidades da sociedade e dos entes queridos. Independentemente de ser submisso, tolere, que com sua sensibilidade vai conquistando as suas metas. Diplomaticamente, aja em todas as situações com seu discernimento e bom julgamento. Deve evitar a lamentação, a baixa autoestima e a depressão. A metafísica ajuda na sua psique e intuição. Sua força é por trás dos bastidores – aprender, discernir para agir.

3. Seu caminho é expressar sua beleza interior, ter contatos emocionais, artísticos e criativos com pessoas que tenham as mesmas ideias e talentos que você. Otimismo e alegria devem ser sua atenuante. A oratória, o pincel, a caneta, são a sua arte. Você é uma borboleta social, voe na sua essência, porém cuide-se em não viver de forma negativa, pois a língua que ora também fere.

4. Mental, prático e organizado, seu caminho de destino é o trabalho. Planejador e construtor é sólido nas metas e faz passo a passo seu patrimônio crescer. Deve ser econômico e fazer suas bases bem sólidas. Essa é a segurança que você sente dentro de si. É econômico e metódico, porém pode ser controlador. Muito inteligente e disciplinado deve trabalhar em profissões que lhe realizam. De saúde boa é convencional e ligado à família e a seus conceitos. Respeito e lealdade são a sua tônica. Honesto e dogmático é difícil de mudar ou alterar suas ideias fixas. Acha-se sempre com a razão e não aceita que mudanças possam ocorrer ao longo da vida, visando à melhoria, à prosperidade, porém com muito esforço vence, mas não consegue ser o superior por medo das mudanças que tem que fazer dentro de si para o aperfeiçoamento. É muito preso a velhos preconceitos.

5. Seguir em frente é seu caminho de destino, nada nem ninguém devem limitar ou estagnar você. Sua liberdade é de ser e estar, sempre em mutação; as variedades lhe atraem, as viagens e a curiosidade. As responsabilidades são bem-vindas, porém nunca deixe que essas tirem de você o jeito criança, alegre, versátil de ser livre; seu bem-estar dá-se a partir do momento que consegue ir e assim consegue ser. Adaptável, consegue tirar vantagens de todas as situações. É curioso e investigativo e sabe com boa avaliação o que lhe é muito valioso; nunca reprima seu jeito de ser, a curiosidade, e a forma ativa mental. Trabalhos burocráticos e sentado a uma mesa não lhe atraem, o mundo é seu lar. Adora uma variedade de experiências ao mesmo tempo. Deve aprender a canalizar suas energias em uma direção por vez. Evite julgamentos precipitados, ansiedade ou precipitações. Sua busca constante por satisfação deve ser encontrada dentro de si e, depois, com discernimento calma e paciência, encontra sua meta. Você se sente diferente porque o é, sua mente ilimitada vê tudo mais fácil à frente, onde outros encontram dificuldades. Sexualmente, ativo e magnético, tem poder de atração do sexo oposto. Cultive seu caráter positivamente, porém nem pense em ser tradicional ou rotineiro, assim confunde seus caminhos com insegurança e sentimentos de prisão. Seus métodos são flexíveis e persuasivos, mantenha-se em movimento e sempre busque o novo em sua vida, assim preenche seu coração cheio de ansiedades.

6. Responsabilidade com o lar, o social e com o seu trabalho é sua palavra-chave, nesse caminho de destino. Sempre deve construir coisas boas para você e para os que estão ao redor, até para o mundo. Não ignore seus problemas, questões exigem soluções e você é excelente nas opiniões e aconselhamentos pelo bom julgamento e discernimento. Você deve sempre se melhorar, buscando informações e autoconhecimento. A metafísica e a cura para o social são o seu caminho. Ajudar quem lhe procura também é seu bem-estar. Apaziguador, deve olhar todos os lados de uma mesma questão. Tenha e dê muito amor, compaixão, paciência, compreensão e muita força para ajudar a si e ao próximo. Não viva uma existência miserável, de reclamações ou subjugações, tendendo a melodramas para ganhar afeição, essa necessidade não é sua. Você é quem deve ser o pilar de um lar saudável e completar a felicidade da sua comunidade com orientação, força e coragem. Seja sempre sincero, pois outros podem perceber sua falsidade ou querer levar vantagens; nunca carregue ninguém, ensine e deixe seguir, evitando se envolver emocionalmente.

7. Seu caminho, seu aprendizado é de enxergar com sabedoria, discernimento, técnica e razão; todos os ângulos levam à resolução de uma mesma questão. Nunca entre em desacordo interior, entre sua intuição e a razão dos fatos sempre utilize seu potencial introspectivo analítico, e a percepção desenvolvida para a conclusão. Seus métodos são investigativos, analíticos e meditativos, não se adiante com precipitações, porém não se atrase demais, ficando somente nos pensamentos sem ação. Sua realização técnica depende de sua avaliação e sabedoria interior. Tenha muita fé em você, na luz e no seu interior, pois esse é seu caminho. O medo que muitas vezes sente, é desnecessário, é uma trava, por não conhecer seu potencial. Muitas vezes não gosta de estar só, mas se torna necessária essa introspecção para análises práticas e intuitivas. Sua capacitação é de trabalhar por si só, aprenda a depender somente de você. Perfeccionista, seu lema é qualidade e nunca a quantidade. Não necessita mostrar autoridade, somente o faça se souber onde realmente pisa, e assuma as consequências. É autodidata, adora o autoconhecimento, e o oculto lhe atrai; as ciências e a filosofia, com suas mãos de cura. Pense sempre antes de agir, analise, critique, porém nunca seja seu autocrítico, sua sabedoria interior e iluminação não permitem que seja autodestrutivo ou destruidor das mentes ao redor.

8. Tem que aprender que as atividades comerciais, de liderança e autoridade fazem parte de você. Dependendo dos fatos ligados à sua lição de vida, saiba que o seu pensamento está ligado às finanças. A principal chave é a sua eficiência, organização, método, e ordem, honra, caráter, ética e lealdade, sem nunca tentar se elevar em função de degenerar ou os que estão ao seu redor. Não se limite a planos, seja forte e determinado, sem medos ou preconceitos, faça análise, planeje e aja dirigindo tudo. Mostre autoridade, firmeza, sem estupidez. Dê importância aos pequenos detalhes, porém delegue funções para que você administre com os grandes fatos. Desenvolva uma imagem baseada no respeito através da dignidade, orgulho e eficiência; persevere com habilidades e talentos que possuir dentro do ramo que melhor lhe convier.

9. Sua realização em seu caminho é o humanitário, todos para você devem ser amigos, e amá-los feito irmãos. Evite criar inimizades, ou raivas emocionais de alguém, perdoe, limpe sua aura de qualquer negativismo, para poder acontecer. Não se esforce por glórias ou fama, elas vêm automaticamente para você. A questão financeira é a melhor de todas as outras energias, vem sozinha, do universo para você. "Faça seu melhor que a retribuição é certa", depende de como vai se utilizar na forma de amar ao próximo incondicionalmente. Seja generoso, humilde, capacitado e saiba dizer não, quando necessário, esforce-se em fazer direito e com muito amor, sem aguardar o retorno, que esse chega involuntariamente. A luz do seu caminho é intensa e a proteção espiritual é forte para ajudá-la. Suas mãos de cura alivia os fardos dos deprimidos. Veja beleza em tudo e em todos os lugares. Seja linda, por dentro e emane essa beleza, atraindo a mesma energia do universo. Se você viver negativamente, então, as energias humanitárias tornam-na possessiva, depressiva, negativista, sem ajudar a ninguém, nem a si própria. Essa influência não é fácil, é unilateral, tem polos perigosos, de extremismo ou paralisações por autolimitação. Doe o que tem de melhor sem aguardar o retorno, e esteja de bem consigo na melhor forma. A maior recompensa é sua, se agir dentro do humanismo, com certeza todas as ações participativas positivas serão o reino que vai deixar aos seus na sua partida desse plano.

11. Todo número mestre indica espiritualidade ou força interior, com intuição que é sua percepção desenvolvida, a fim de alcançar a iluminação do espírito e das suas metas de vida, sendo humanista. Possui o dom da percepção extrassensorial (PES), e capacidade de ação em qualquer área que use a criatividade, a mente, a força de vontade. O místico o atrai, o oculto e seu jeito de sentir o que ocorre com você são o seu próprio enigma. Busque o autoconhecimento, a física, a metafísica e meios que satisfaçam sua busca incessante devido às energias nervosas de ansiedade e insatisfação íntima que povoam sua mente, criando conflitos. Seu forte magnetismo o leva a buscar sua sabedoria interior e humanista de ajudar os mais necessitados, tanto físico, material quanto espiritualmente. Para cumprir sua lição de vida, busque a iluminação através da compreensão dos que estão ao seu redor, a tolerância, e esforce-se para fazer tudo útil, de forma prática. Crie entusiasmo e compartilhe seus conhecimentos e crenças com os menos afortunados; não imponha a ninguém sua forma de pensar e agir, deixe que cada qual tenha seu próprio caminho. Tenha amigos e pessoas em torno, estimuladas e intelectualmente em seu nível, porém esteja sempre alerta, pois sua percepção dá o aviso de quem é seu atrativo em honestidade, lealdade e caráter. Deve saber tomar decisões rápidas, usando sua determinação, não precisa ouvir opiniões alheias, sua sabedoria dá-lhe a resposta. Sua rapidez de raciocínio e capacitação dão o impulso que precisa para a motivação, e seja perseverante no ideal que tiver como meta.

130 | Numerologia Cármica – Conhecendo sua Missão de Vida

22. Sua lição principal é não limitar e ser seu próprio pensamento e de outros, se houver necessidade. Medos, dúvidas, paralisações não são permitidos, de jeito nenhum, para a vibração do caminho de destino para quem tem número mestre. Sua visão deve ser ampla, segura, com planos grandes de âmbito mundial. Você é um construtor e humanista, que vai prestar serviços à comunidade na forma de ser um grande executivo. O poder que essa vibração lhe oferece é imensa. Não desperdice suas energias em fatos ou coisas pequenas. Seja prático, planeje e realize todos os seus propósitos. Sem limites é seu lema, porém que seja para a ajuda, sem autodestruição ou usar sua inteligência e capacidade executivas para degenerar os que estão ao seu redor, ou a sociedade. Seu magnetismo empresarial atrai seguidores, sua liderança e determinação, acopladas à perseverança planejada, são a sua realidade, portanto, seja corajoso nos seus sonhos e ideais.

A partir de agora vamos estudar os desafios e o ano pessoal para fechar as análises da Numerologia Cármica e preencher o esquema do resumo.

Desafios ou obstáculos

Momentos decisivos para superação dos carmas da MVA

Obstáculos, limitações, paralisações, dificuldades ou desafios na rotina diária são as grandes dificuldades geradas pelas fraquezas da personalidade, que devem ser superadas através da força de vontade, tendo como ferramenta os talentos na forma construtiva de utilização, a fim de disciplinar o método de vida e superar os obstáculos que são experiências de aprendizados para a evolução. Quando o obstáculo é persistente ou repetitivo se torna muito difícil a evolução, é preciso muita motivação determinada para essa superação. Cuidado com desculpas conformistas ou de autoboicote emocional de que é um carma e que se não pode ser vencido, junte-se a ele. Lembre-se que um carma, uma ação, é uma bênção e mais uma oportunidade que a vida lhe fornece para expiar as faltas cometidas em outras essências.

Os **Desafios** são os obstáculos dos erros que se repetem de ciclos (ano pessoal) a epiciclos (energia de 9 anos). É preciso conscientização e conhecimento para superar os extremos emocionais que um grande desafio, dito carma, pode gerar.

É necessária a consciência para encarar as fraquezas.

- Os desafios no MVA fornecem lições específicas.
- O desafio assinala as áreas exatas da personalidade, que precisam ser equilibradas para a missão se cumprir = Alma, personalidade, expressão e lição de vida.
- Cada indivíduo sabe qual seu obstáculo, em que área se situa, entende sua dificuldade e em que extremo está atuando.

Em Análise:

Quando o desafio for igual a um dos números principais; motivação, personalidade, expressão, lição de vida ou dia de nascimento, será menos conflitante, porque já possui a habilidade para a superação do obstáculo ou carma.

É duplamente difícil quando o desafio aparece 2 vezes.

Na grade das potencialidades estão decodificadas as ausências das letras ou vibrações faltantes sendo considerada uma falha no caráter ou ainda um carma a resgatar, independentemente da vibração que for.

Da mesma forma, na grade pode aparecer muitas letras ou mais de 5 de uma mesma letra sendo também considerado um excesso cármico. Porém, se a ausência aparecer em um dos números principais significa que está ocorrendo o aprendizado e esse carma está sendo resgatado.

Se o excesso de uma mesma vibração aparecer em um dos números principais, então existe a tendência dominante e a capacitação por habilidade e vocação de usar construtivamente a energia em excesso, caso não aparecer em nenhum dos números principais o excesso das vibrações da mesma letra, então, deve ter cuidados para com a energia vibrar contra a construtividade gerando um carma.

Atenção ao desafio principal e adicional. É uma forma de desenvolver um modo de vida mais adequado e resolver seus problemas em determinada área da vida, na forma de aprender, e no futuro evitar esses transtornos. O desafio na vida é gerado na forma extremista que se está vivenciando, seja em uma extremidade ou oscilando na outra.

Cálculo e tempo de duração

São 4 os Desafios a vencer na vida – Momentos decisivos. Metafisicamente as doenças se relacionam com esses ciclos.

- 1º é o *Sub-Desafio.*
- 2º é o *Sub-Desafio.*
- 3º é o *Desafio Principal de vida inteira.*
- 4º é o *Desafio Adicional,* com influência na vida inteira.

Pode ainda existir mais uma energia a ser superada, que será a diferença entre o desafio principal e o adicional.

- 1º desafio: Diminuir mês – Dia de nascimento (reduzido)
- 2º desafio: Diminuir dia – Ano de nascimento (reduzido)
- 3º desafio: Diminuir o 1º desafio – 2º desafio
- 4º desafio: Diminuir mês de nascimento – Ano de nascimento (reduzidos)

Exemplo:

Nascimento: 05/09/1955 (Usar a fórmula: PE – PI – RVA)

- PE – mês de nascimento
- PI – dia de nascimento
- RVA – ano de nascimento
- 1ª desafio = Diminuir Mês 9 menos dia 5 de nascimento (reduzido) = 4
- 2º desafio = Diminuir Dia 5 menos 2 Ano de Nascimento (reduzido) = 3
- 3º desafio = Diminuir o 1º Desafio 4 menos o 2º desafio (4-3) =1
- 4º desafio = Diminuir mês de nascimento 9 menos o 2 ano de nascimento = 7

Nesse exemplo foi encontrado um desafio adicional entre o 3º e 4º desafio 1-7=6

Exemplo prático: lembrar de colocar todos os cálculos no esquema resumido no final deste estudo. Acompanhemos o exemplo:

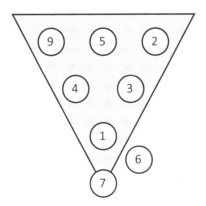

Tempo de duração dos desafios – Momentos decisivos

Um epiciclo equivale a 9 anos

Cálculo:

- *1º* Desafio: 36 Número Fixo – (menos) Lição de vida ou MVA (reduzido).
  Exemplo: 36 – 7 lição de vida ou MVA, missão da vida atual = 29 anos – Início da maturidade. Lembre-se, o ciclo formativo terminou aos 27 anos, mas a maturidade teve início aos 29 anos. Período do nascimento até 4/**9/1984.**

- *2º* Desafio: Somar 9 anos ao resultado do final do 1º Desafio, 29 + 9 = 38 anos. Período de 5/9/1984 até 4/9/1993 vivenciando no ciclo d**o Poder.**

- *3º* Desafio: Somar 9 anos ao resultado do final do 2º Desafio, 38 + 9 = 47 anos. Período de 5/9/1993 até 4/9/2002.

- *4º Desafio:* Tem início no fim do 3º Pináculo até o fim da vida. Período de 5/9/2002 ou 48 anos em diante. Deve vencer o desafio principal de "1" o adicional de "7" e o outro adicional de "6".

Manifestação do problema e aprendizado para solução

São os desafios que indicam problemas de saúde

Zero – Oscila entre a inexistência de desafios, ou os desafios de todas as outras vibrações numéricas.

Se você tem obstáculos atrapalhando seu caminho de progresso, com muitas lutas e empecilhos, existe essa fraqueza da personalidade, então, deve buscar o autoconhecimento, a instrução e o remanejamento de vida através do processo psicológico e mental, a fim de equilibrar o emocional, e trazer à tona os bloqueios de subconsciente travados por traumas.

Esta é uma análise: Quando o zero for o primeiro ou segundo Sub-desafio, então, é o mais conflitante, por receber as reações de carga emocional no negativo de todas as outras vibrações.

Deve orientar a enfrentar um problema de cada vez, buscar ajuda terapêutica para equilíbrio emocional e desenvolver a percepção.

Na saúde – Pode somatizar vários tipos de doenças, metafisicamente explicados.

Desafio de 1 – Oscila entre a extrema independência ou a total falta de iniciativa. Pode estar arrogante usando a individualidade com egocentrismo e sendo autossuficiente na forma de destruição dos que estão ao redor ou pode estar vivenciando em fraquezas desmotivadoras. Tem que desenvolver a força de vontade, lealdade e energia de caráter. Seja forte, tolerante, principalmente quanto à intromissão dos parentes, subestimando suas essências e tornando-o muito humilhante, e você sofre com essas interferências e não sabe utilizar suas qualidades individualistas. Muitos acham que sabem o que é melhor para si em opiniões no seu modo de agir, deve evitar tudo isso, não sendo vacilante em culpas e tentativas de agradar os outros, em desagrado nada realiza, criando baixa autoestima. Tem que ser determinado e agradar a você, com ideias criativas, originais e se respeitar para atrair o respeito dos outros; tem que aprender a se impor com suas ideias, objetivos e ideais. Tenha certeza de suas metas, com a razão, evitando interferência ou desequilíbrio emocional. Depois de planejado, aja com firmeza e discernimento, sem medos ou travas. Muitas vezes a reação atual tem a ver com o pai que reprimia a criança na criatividade, independência, ignorava-a ou criticava, se assim for, tenha cautelas, pois suas reações podem estar operando nos extremos exagerados.

Na Saúde – Por não entender seus verdadeiros talentos e período de liderança, ocorre dores e doenças na cabeça, sinusite e alergias, pelo motivo de se sentir prisioneiro dos que estão ao seu redor; ferimentos nos olhos pela falta de visão interior; nas orelhas por não saber ouvir.

Desafio de 2 – A oscilação ocorre entre o excesso de sensibilidade ou a falta de confiança em si ou na recusa de se deixar influenciar pelas emoções. Pode ser submisso ou se recusar a tudo ou se levar pela rabugice que reclama de tudo e de todos com muitas justificativas. É magoável, ofensivo, por simples palavra, não perdoa e alimenta sentimentos de inferioridade. Seus desejos são de aprovação, portanto acalenta a paz a qualquer preço, perde-se em minúcias e vai às conversas alheias. "Tudo sou eu", "não consigo", ou ignora tudo, todos e os detalhes. Deve se voltar para si e cultivar seu ponto de vista. Não seja cópia de ninguém, use sua intuição que é sua percepção sensível. Seja sincero e verdadeiro, não minta para manter a paz e ser amável e ganhar troféus de boazinha dos outros. Ganhos financeiros surgem quando entender que sua psique deve ser utilizada com seus talentos. Muitas vezes pode não ter recebido da mãe amor suficiente, ou sendo superprotegido e ligado a ela.

Na Saúde – O medo deixa os rins delicados ou doentes, a retenção de líquido no organismo é a falta de sua fluidez, o nervoso é devido ao emocional suplantar a razão.

Desafio de 3 – Oscila em somente dar créditos ao aspecto interior, ficando vazio por dentro, ou total indiferença entre as regras do bom convívio social. Falar excessivamente e nada dizer em tagarelices e mexericos, ou totalmente calado e pensativo, podendo deixar seu Chacra laríngeo desequilibrado, ou fala a coisa certa na hora errada, ou a coisa errada sem uso da criatividade, ou não se preocupa com a aparência, ou enfatiza demais a decoração parecendo uma borboleta ou árvore de natal. Desperdiça energias em várias direções ao mesmo tempo. Cria conflitos com as mulheres e com os filhos. Desenvolva sua capacidade criativa, na oratória, no papel, na caneta, nas artes, o período é propício aos talentos expressivos. Críticas você as detesta, mas, às vezes, servem para autoanálise e vermos onde podemos melhorar. Não exagere nas palavras, use a percepção e o momento certo para cada palavra ou atitude; com sua intuição, que é sua percepção desenvolvida, é capaz de perceber cada momento. Se em criança foi podado em suas necessidades de expressão, ou nas atividades artísticas, então travou-se em descontentamentos e frustrações.

Na Saúde – Pode desenvolver doenças na garganta, no fígado; por mágoas, nas glândulas tireoides.

Desafio de 4 – Oscila em extremos de excesso de autodisciplina, severidade e falta de organização. Viciado no trabalho ou preguiçoso. Prático realista, ou sonhador e ilusório. Cheio de detalhes, etiquetas, ou avesso ao método, sistema e ordem. Muitas vezes pode não estar desenvolvendo seu senso de valores. Este período é para formatar sua solidez no materialismo, aprender a poupar e com natureza prática. Evite muitas mudanças, e atitudes inquietas, pois trabalho é esperado de você. Evite ser controlador das vontades alheias, porque o que é bom para você, pode não ser para outro. Em criança, pode ter sido forçado a trabalhar cedo, tendo os progenitores como peças dogmáticas com crenças e padrões de educação severa e restrita.

Na Saúde – Cuide da rigidez para os problemas cardíacos e falta de amor próprio, circulação pela falta de fluidez e auto-cobranças, intestinos por prender-se nas energias de rigidez, ou solto por tentar ser da forma que não deseja; dentes por cobranças interiores estressantes pelo materialismo, ossos por não conseguir se manter no seu centro, e doenças que surgem devido

138 | Numerologia Cármica – Conhecendo sua Missão de Vida

ao desequilíbrio do emocional, tudo provém das cobranças de tudo "certinho" que deseja ser e obrigações que acha que possui.

Desafio de 5 – Ou exaustão por ter atividades demais, ou tédio por depressão e falta de estímulo motivacional. Experimenta coisas novas ou tem medo de se lançar nas mudanças. Ou é rotineiro e trava a liberdade ou, então, passa rapidamente de um fato ou coisa para outra, com a finalidade de suprir sua curiosidade. Ou é muito impulsivo, ou fica paralisado com medo de perder sua estabilidade, gerando distúrbios quanto à vontade de estar em vários lugares ao mesmo tempo, dispersando energias em várias direções, com várias situações. Esse período exige que se desprenda das pessoas que podam sua liberdade. Não fuja das responsabilidades, porém não se prenda a ninguém por opiniões e desejos. Cultive suas mudanças de modo sadio, sem confundir sua liberdade de pensamentos e ações, com libertinagem e falta de Ética ou mentiras ilusórias de moralidade. Ou sexualmente, exibicionismo ou abuso da mesa ou faz abstinência. Concentra-se nos prazeres materiais ou fica prostrado sem buscar sua verdadeira meta, que é vendas, viagens, publicidade, propaganda e trabalho com o público. Cuide da ansiedade e dos impulsos que geram distúrbios emocionais e energias nervosas.

Na Saúde – Cuide dos órgãos reprodutores.

Desafio de 6 – Oscila entre impor seus desejos e opiniões aos outros, ou à completa escravidão e servidão. Oscila entre o senso de dever de responsabilidade ou excesso de obrigações ou totalmente irresponsável. Seja idealista, porém não intrometido, seja responsável, sem dominar, seja adaptável às situações novas na sua vida; pensar que ninguém muda, inclusive você, é seu pensamento de tradições. Muitas vezes tende à hipocrisia em vez de criar as metas. Seu lar é seu modelo de vida, amar a família não significa superproteger e criar "bonequinhos" na sociedade, deve evitar se subjugar ou ser general de si.

Na Saúde – Circulação por não compreender porque os outros não fazem as coisas do seu jeito, que é o certo, e também com esse pensamento gera problemas de coluna, perde-se emocionalmente no sentido de achar que é a coluna da família e que tudo depende somente de você, sendo assim pode se magoar e gerar doenças crônicas por somatização.

Desafio de 7 – Este é o mais conflitante obstáculo a traspassar, cria rebeldia ou comportamento de ingenuidade, não confia em si e em ninguém. Pode ser arrogante por falta de amor próprio, não faz esforços para melhorar sua situação. Suportar esse desafio é penoso, felizmente poucos o possuem. Oculta sua personalidade e tem fugas para qualquer questão. Tem muito medo, inclusive de ficar só, porém deseja sempre estar introspectivo. É mental, falta-lhe a fé, odeia a pobreza e a duras realidades da vida, prefere viver ilusões fantasiosas na mente, sem ação. É frio e mantém seus verdadeiros sentimentos atrás das aparências. É orgulhoso e melancólico. Deve desenvolver sua capacidade de se amar e amar o próximo, ativar sua percepção interior, compartilhar seus pensamentos e emoções, sentir e ser natural, sem se importar com os risos, sorria de você. Precisa ter boa educação e utilizar sua capacidade técnica de análise. Sua qualidade espiritual está submersa no seu oculto, que o deixa enigmático quanto às suas reações. Em vez de cultivar suas limitações, abra-se para a vida, seu medo pode levar à bebida, drogas, vida solitária.

Na Saúde – Gera infecções em várias partes do corpo, propensão a congestões e sistema nervoso.

Desafio de 8 – A oscilação dá-se entre ser muito reservado, seguro no dinheiro, censura, dor e autocrítico, ou gastar demais sem reservas, e desejar mostrar-se o melhor em tudo, no social, sendo um gastador sem reservas. Totalmente materialista ou incapacitado de conquistas. Sedento de poder ou carente de ambição. Adere à liberdade pessoal, baseado em posses, utilizando falsos valores, porque necessita suprir sua carência afetiva por si. Julga os que estão ao redor, somente pelo poder e posses que tenham, vazio no eu interior, não é sincero no amor, e talvez se deixe levar pela liberdade desmedida, da falsidade materialista. A busca constante pelo poder causa exaustão, devido às tensões. A necessidade é desenvolver a percepção e a filosofia de vida, baseada no retorno do que está plantando. Manter o equilíbrio na realidade sua e na dos outros. Deve sempre ser honesto, leal e ético, evitar avaliar tudo e todos pelo material, buscar sua intuição e muita fé no seu coração.

Na Saúde – Pode ter excesso de peso, pressão alta, muitas cirurgias, problemas de digestão, no pâncreas, estômago, nervos, tudo devido ao sistema nervoso, e à má qualidade espiritual.

Desafio de 9 – Não existe porque não se pode fazer a subtração de dois números de um dígito e obter o número 9 como resultado.

Ano pessoal para a numerologia cármica

A Numerologia analisa a vivência de forma progressiva, por ciclos de ano a ano e por epiciclos de 9 em 9 anos dentro dos 3 grandes ciclos de 27 anos. Cada um com características específicas, conferindo um tom vibracional para cada período. O Ano Pessoal se inicia a partir da nossa data de aniversário e termina no dia que antecede ao aniversário do ano seguinte.

O Conhecimento e o aperfeiçoamento resgatam carmas vivenciais. A cada ciclo de nove anos nossa vida muda. O Ano Pessoal contribui nas tomadas de decisões.

As necessidades morais, sociais, espirituais, se alteram de acordo com a vibração do ciclo. É possível pensar diferente, melhorar, evoluir a cada novo Ano Pessoal, a fim de colocar a frequência a seu favor. Os ciclos se repetem de 9 em 9 anos, mas as experiências devem ser outras. O conhecimento do próximo ciclo a vibração especifica, torna a vida mais harmônica e equilibrada para o momento decisivo do ciclo temporário. E as vibrações podem ser semelhantes, mas os eventos são diferentes.

Cálculo:

Para encontrar o Ano Pessoal Atual, deve-se somar: dia + mês nascimento + ano universal

O *Ano Universal* é a soma dos dígitos do ano civil ou exercício. Ex. 2015 = 2+0+1+5=8

Exemplo: Nascimento = 05/09.

- 5+9+8=22 AP é uma vibração de número mestre, mas também vibra na redução do 4.
- A data vigente é do dia do aniversário, até o dia anterior do ano subsequente.
- Portanto, o Ano pessoal 22/4 tem a vigência do dia 5/9/2015 até 04/09/2016.

Para a análise da Numerologia Cármica a vibração 22 deve ser considerada, não que seja um número cármico, na realidade é porque é mestre e potencializa todos os eventos que ocorrerão durante o ano pessoal, construtivamente ou destrutivamente, de acordo com as atitudes, pensamentos e ações do portador do número mestre durante um ciclo de AP, e também no epiciclo de 9 anos, no momento decisivo do desafio potencializa na rotina os eventos.

Vibrações pessoais reduzidas do ano pessoal

Ano Pessoal N.º 1: Ponha-se em ação. Use a sua iniciativa e ponha as coisas em andamento. As sementes plantadas agora terão maior probabilidade de resistir durante todo o ciclo de 9 anos. Boa ocasião para começar novo relacionamento, mudar-se para novo endereço, fazer uma mudança de curso em sua carreira e dedicar-se a um novo Hobby. Desenvolva suas ideias, seja positivo e não hesite em permanecer fiel às suas decisões. O uso da sua energia criativa lhe permitirá conseguir tudo o que você desejar.

Ano Pessoal N.º 2: Este é um ano de muitas emoções. Você poderá apaixonar-se e desapaixonar-se. As sementes que você plantar agora germinarão ainda este ano. Regue-as bem. Preste atenção aos detalhes, mas tome cuidado para não exagerar. Acumule conhecimentos, conheça novas pessoas e compre coisas. Assimile, seja receptivo. Coopere, seja gentil mesmo quando sentir vontade de dar uma resposta atravessada. Paciência, tato e diplomacia lhe darão tudo o que você desejar.

Ano Pessoal N.º 3: Este é um ano para você se divertir. Aproveite-o! As sementes que você plantou no seu Ano Pessoal "1" irão frutificar agora. Amplie o seu círculo de amizades, cuide-se bem e faça-se notar. Não se envolva em nada que possa tolher a sua liberdade. Desenvolva as habilidades necessárias para a expressão de suas ideias e sentimentos. Valerá a pena falar em público ou escrever. Os contatos sociais o ajudarão a conseguir tudo o que você deseja.

Ano Pessoal N.º 4: Este é o ano para construir os alicerces do seu futuro. Trabalhe com afinco. A vibração do 4 é da rotina, da organização. Sistematize, seja prático e mantenha os pés no chão. Cultive relacionamentos sólidos. É uma boa ocasião para arrumar a casa. E, como o corpo é o abrigo da alma, exercício e dieta também são importantes. Concentrando-se na organização, você obterá tudo o que quiser neste ano e no ano que vem.

Ano Pessoal N.º 5: Este é o seu ano para se renovar, viajar, ter menos responsabilidades e conhecer novas pessoas. Você amadurecerá com a experiência de vida. Deleite-se com os prazeres da comida, da bebida e do sexo (sem exageros, é claro). Este é o ano de colher as recompensas por tudo o que você tiver realizado no ano anterior. Livre-se do que for enfadonho ou limitante. Seja receptivo ao que é novo. Conte com o inesperado. Deixe-se levar pela sua vibração de liberdade. Ela lhe dará tudo o que você desejar.

Ano Pessoal N.º 6: Neste ano você estará mais assentado do que no ano anterior, e suas responsabilidades também serão maiores. Seus compromissos serão mais firmes; boa hora para pensar em casamento, pois a vibração do número 6 favorece relacionamentos duradouros. Ame e será amado. Proteja e será protegido. Você terá de se adaptar aos outros, terá de agir com mais consciência em relação a qualquer coisa ou pessoa que seja importante na sua vida. A conciliação o ajudará a conseguir tudo o que você desejar.

Ano Pessoal N.º 7: Não force decisões. Faça apenas as modificações inadiáveis. Se começar um romance agora, poderá ser obrigado a dividir seu novo amor com uma terceira pessoa. Caso o relacionamento não se altere até o fim do ano seguinte, o mais provável é que continue estável. É um bom ano para escrever, estudar e se dedicar a algumas reflexões mais profundas. Descanse, fique algumas horas sozinho todos os dias, saia em férias para algum lugar próximo à água e confie na sua intuição. Você poderá conseguir tudo o que quiser deixando que as coisas venham até você: este ano é para o desenvolvimento interior; o ano seguinte para ganhos materiais.

Ano Pessoal N.º 8: Este é o melhor ano para melhorar seus negócios e o estado de suas finanças. O dinheiro vem, o dinheiro vai. Concentre sua atenção nas finanças e nos valores materiais. Consiga aquele aumento, aquela promoção e o maior poder que dela decorre! Organize seu tempo. Neste ano você fará furor. O que permaneceu oculto em seu Ano Pessoal 7 irá se manifestar em seu "8". Cuide da saúde. Use o bom-senso e conseguirá tudo o que desejar.

Ano Pessoal N.º 9: Este é o seu ano para concluir as coisas. Limpe os armários. Termine seus projetos. Elimine aquela sua "pequena lista negra". Águas passadas não movem moinho. Embora mudanças que estão para vir nos próximos anos já estejam no ar, não é provável que qualquer coisa que você comece neste ano vá resistir por muito tempo. De duas uma: ou terminará antes do final do ano, ou voltará a mudar. A vibração do 9 lhe trará nostalgia. Você poderá apresentar uma reação exagerada e se tornar temperamental. Neste ano sua família é o mundo. Conservar a mente aberta e a largueza de vistas o ajudará a conseguir tudo o que desejar.

Ano Pessoal N.º 11: Os assuntos materiais ocupam uma posição secundária neste ano. Você poderá ser absorvido pelo seu próprio idealismo e acabar descobrindo que nem sempre você tem os pés no chão. Aprimore os seus gostos, expanda a sua consciência e compartilhe os seus talentos. Este é um ano especialmente criativo para escritores e artistas. Para pessoas que trabalham em atividades comerciais este é o ano da diplomacia e dos agradecimentos. Para pessoas voltadas para o espiritual este é um ano de iluminação. Seguir com esta vibração visionária ajudará você a obter tudo o que desejar.

O Dia de NascimentoDom Precioso | 145

Ano Pessoal N.º 22: Este é o seu ano para ter uma ideia e concretizá-la. Agora você é um visionário que transforma uma ideia em realidade. A Vibração Mestra mais elevada está com você neste ano. Planeje suas atividades, estruture seus sonhos, preste serviço aos outros e você verá que este vai ser um ano de muito sucesso. Mantenha o equilíbrio e acautele-se contra o radicalismo e a tensão nervosa. Trabalhando com esta poderosa vibração prática, você irá conseguir tudo o que desejar.

Análise:

- Cálculo a cálculo, o estudo tomou forma.
- Decore a tabela pitagórica.
- Entenda as 9 energias de vibrações.
- Estude os números cármicos 13, 14, 16, 19.
- Tenha em mente os números mestres e a redução que potencializa.
- É mais fácil analisar visualizando os dados obtidos em um esquema ou resumo dos resultados.
- Acompanhe o raciocínio para analisar esse estudo numeroterapêutico para o resgate do carma. Preencha o resumo com os resultados.
- Verifique se na motivação, soma das vogais, consta número cármico.
- Verifique se na personalidade, soma das consoantes, consta número cármico.
- Verifique se na expressão, soma do total das vogais e consoantes, consta número cármico.
- Verifique se no fundo da pirâmide invertida o dígito duplo ou penúltima linha consta número cármico.

Veremos agora um esquema de resumo de tudo o que aprendeu nesse estudo, passo a passo.

Metafisicamente, as cores ausentes na aura possuem as probabilidades de desarmonizar o Chacra correspondente.

Mapa Natal Cármico

Numerologia cármica

Nome:	MARIA APARECIDA		
Nasc:	05 de setembro de 1955	60	Anos

Decodificação

Nome	M	A	R	I	A	A	P	A	R	E	C	I	D	A	totais
Vogais		1		9	1	1		1		5		9		1	28/10/1
Consoantes	4		9				7		9		3		4		36/9
Total	4	1	9	9	1	1	7	1	9	5	3	9	4	1	64/10/1

O Dia de NascimentoDom Precioso | 147

Resultados para análise terapêutica

Idealidade – Soma Vogais	=	28	=	10	1	Individualidade
Aparência = personalidade	=	--	=	36	9	Altruísta
Destino = expressão	=	64	=	10	1	Independente
Fundo da pirâmide	=	--	=		1	Liderança
Ausências letras			2	6	8	Paciência, harmonia
Cores ausentes na aura						Laranja, índigo, rosa.
Excessos = talentos – letras			1	e	9	Líder altruísta
Cor de excessos de talentos	=	--	=			Vermelho, ouro
Lição de Vida = MVA	=	--	=	34	7	Sabedoria
Fundo da pirâmide MVA	=	--	=		6	Ajusta situações
Dia natalício					5	Versátil
Carma ou desafio natalício	=	--	=			Não há
Chave	=	--	=	11	2	Iluminada
Ciclo Formativo	=	--	=		9	Até 27 anos
Ciclo Produtivo	=	--	=		5	De 28 a 54 anos
Ciclo da Colheita			20		2	De 55 em diante
Ano pessoal			22		4	Disciplina e método

148 | *Numerologia Cármica – Conhecendo sua Missão de Vida*

Tabela de ocorrências – Grade das potencialidades

1	2	3	4	5	6	7	8	9
5	0	**1**	**2**	1	0	1	0	4
vermelho	*laranja*	*amarelo*	*verde*	*azul*	*índigo*	*violeta*	*rosa*	*ouro*

Acordo Nascimento	Água ou científico	Equilíbrio 5

Período	Pináculos	1º sub-Desafio	2º sub-Desafio	Desafio Principal	Desafio Adicional
Até 29 anos		4		1	7 e 6
29 a 38 anos			3	1	7 e 6
38 a 47 anos				1	7 e 6
47 em diante				1	7 e 6

Mapa natal cármico = MNC

Numerologia cármica

Nome:		
Nasc:		Anos

Decodificação

				totais
Nome				
Vogais				
Consoantes				
Total				

Resultados para análise terapêutica

Idealidade – Soma Vogal	=	--	=			
Aparência = personalidade	=	--	=			
Destino = expressão	=	--	=			
Fundo da pirâmide	=	--	=			
Ausências letras						
Cores ausentes na aura						
Excessos = talentos – letras						
Cor de excessos de talentos	=	--	=			
Lição de Vida = MVA	=	--	=			
Fundo da pirâmide MVA	=	--	=			
Dia natalício						
Carma ou desafio natalício	=	--	=			
Chave	=	--	=			
Ciclo Formativo	=	--	=			Até 27 anos
Ciclo Produtivo	=	--	=			De 28 a 54 anos
Ciclo da Colheita						De 55 em diante
Ano pessoal						

O Dia de NascimentoDom Precioso | _151_

Tabela de ocorrências — Grade das potencialidades

1	2	3	4	5	6	7	8	9

Acordo Nascimento		

Período	Pináculos	1º sub-Desafio	2º sub-Desafio	Desafio Principal	Desafio Adicional
Até 29 anos					
29 a 38 anos					
38 a 47 anos					
47 em diante					

IV

Tabela de Interpretação para as Pirâmides Invertidas

Números sincrônicos ou contínuos

Análise da vibração cármica no corpo da pirâmide dos números sincrônicos ou contínuos em grupos de 3, 4, 5, 6 ou mais dígitos idênticos em linha horizontal em todas as pirâmides deste manual, incluindo a pirâmide de ano pessoal.

Quanto maior o nome da pessoa, maior será a carga que a *Missão* lhe reserva. Letras iguais dentro do nome indicam que os eventos não serão bons. Elas duplicam o tempo dos acontecimentos e multiplicam as vibrações com os quais elas se identificam.

111. Vibração na pirâmide – falta de iniciativa, e sem interesse de manter a independência com a própria individualidade, limitações, covardia, estagnação, muita paralisação. Provavelmente, gera situações de desarmonia emocional que levam a pessoa a doenças do coração, de circulação e da coluna vertebral.

Quando são vistos sinais externos 11:11 dessa vibração é o alerta espiritual para se aperfeiçoar e sair da estagnação, que é chegado o momento que os seus pensamentos estão relacionados com o início de novo ciclo na sua vida. O que você está pensando sobre fazer ou alterar para a nova fase de sua vida.

222. Vibração na pirâmide – muita timidez, indecisão, desconfiança, baixa autoestima, submissão. Provavelmente, gera situações de desarmonia emocional por dependência completa que causam distúrbios físicos por excesso de sensibilidades, principalmente nos rins e da bexiga.

Aos sinais externos dessa vibração, o alerta espiritual para se aperfeiçoar e usar a sensibilidade com discernimento a seu favor, diplomaticamente, sendo cooperativo e paciente.

333. Vibração na pirâmide – preocupações com problemas financeiros, trabalho e comunicação. Falta de diálogo, compreensão de si e dos outros. Dificuldade de se impor. Provavelmente, gera situações de desarmonia emocional que levam a pessoa a doenças respiratórias e da garganta.

Aos sinais externos dessa vibração, o alerta espiritual para se aperfeiçoar nos sentimentos, na criatividade e comunicação.

444. Vibração na pirâmide – qualquer realização profissional se torna difícil. Não existe retorno, o empenho é grande, as atividades são árduas, mas sem compensação. Torna a pessoa fria e indiferente. Provavelmente, gera situações de desarmonia emocional que levam a pessoa a doenças nas articulações, reumatismo, enrijecimento das artérias, problemas do coração e da coluna vertebral.

Aos sinais externos dessa vibração, o alerta espiritual para se aperfeiçoar acerca da realidade ou que o pensamento está em desacordo com a mente prática, organizado com o construtivo ou com excesso de apego materialista. É tempo de autodomínio ou empoderamento de si mesmo. Tome posse de si sem dominar ou impor seus métodos aos outros.

555. Vibração na pirâmide – dificuldades por instabilidade financeira e emocional, causando mudanças não desejáveis de casa, de profissão, e de meio ambiente social. Provavelmente, gera situações de desarmonia emocional que levam a pessoa a doenças do sistema reprodutor, da garganta e também de pequenas doenças, superficiais, porém autodestrutivas.

Aos sinais externos dessa vibração, o alerta espiritual para se aperfeiçoar e tomar os devidos cuidados com os excessos de superficialidades. Expresse a comunicação com ética, ouça mais sua intuição.

666. *Vibração na pirâmide* – dificuldades com afetos e qualquer sentimento ligado à família e ao relacionamento amoroso. Decepções com amigos, parentes, sócios, cônjuge. Provavelmente, gera situações de desarmonia emocional que levam a pessoa a doenças cardíacas por apegos e a necessidade de dominação e imposição.

Aos sinais externos dessa vibração, o alerta espiritual para se aperfeiçoar e refletir sobre os pensamentos fora de equilíbrio nos apegos familiares, nos medos de situações inovadoras ou métodos convencionais e no materialismo.

777. *Vibração na pirâmide* – constantes preocupações e inconstante estado de alta e baixa autoestima por inseguranças e desconfiança, indecisão, intolerância, instabilidade, decepções. Procura o isolamento, afasta-se de tudo e de todos, atrai sentimentos de solidão. Provavelmente, gera situações de desarmonia emocional que levam a pessoa a doenças nervosas e fibromialgias por autocobranças ao perfeccionismo.

Quando são vistos sinais externos dessa vibração é o alerta espiritual para se aperfeiçoar e aprender que o reconhecimento é dependente de seu empenho e não apenas das situações. Ative suas crenças e percepções, o autoconhecimento e a filosofa são portas abertas para a estrutura da inteligência que é seu forte.

888. *Vibração na pirâmid*e – preocupações com dificuldades financeiras e sociais. Provavelmente, gera situações de desarmonia emocional que levam a pessoa a doenças dos rins, da coluna vertebral, do coração e circulação. Cuidados com a pressão alta.

Aos sinais externos dessa vibração, o alerta espiritual para se aperfeiçoar e evitar o excesso de egocentrismo por materialidade. Não caia na procrastinação, que sua semeadura não pode se enrolar no emocional por inseguranças. É tempo de desfrutar.

999. Vibração na pirâmide – preocupações com relação a finanças, causando grandes perdas de dinheiro, podendo trazer provações de todos os tipos a pessoa. Cuidado com a necessidade de vitimização. Tenha discernimento com o humanismo e com a necessidade de reconhecimentos. Provavelmente, gera situações de desarmonia emocional que levam a pessoa a doenças graves.

Aos sinais externos dessa vibração, o alerta espiritual para se aperfeiçoar nessa vibração de amor sem condições para se envolver com a luz

O fundo da pirâmide básica

Após o estudo de cada tópico do MNC, "Mapa Natal Cármico" e a devida interpretação, se possui um carma no nome ou na data de nascimento, devemos fazer a amarração de cada reconhecimento com a pirâmide básica invertida, incluindo a pirâmide de ano pessoal conforme orientado nesse manual.

O que deve ser verificado? Se possui um número cármico 13,14,16 ou 19 na nomeosofia ou estudo do nome e/ou na missão de vida, data de nascimento.

Devemos fazer a pirâmide e verificar na penúltima linha se possui um desses números cármicos, e depois reduzir a um único dígito para a interpretação do fundo da pirâmide básica. Em seguida, devemos ler o aconselhamento da energia da lâmina correspondente da taromancia.

Independentemente, do fundo da pirâmide ser cármico ou não, o autoconhecimento é transformador, então vamos ler a indicação da energia de vibração nas lâminas e da Numerologia Pitagórica, constantes nesse manual. Devemos nos certificar da existência de números sincrônicos nas pirâmides e assimilar conforme a interpretação de orientações para transformar o miasma cármico em Diacronia.

- *O Dharma*: Energia construtiva da vibração do fundo da pirâmide.
- *O Carma*: Energia destrutiva da vibração do fundo da pirâmide 13/4,14/5, 16/7, 19/1.

Interpretação da frequência vibracional para o fundo de todas as pirâmides

1 – Pode ser uma individualidade independente financeiramente vivendo a sabedoria com liderança, o bem-estar em família, ou solitário e ainda egocêntrico com o individualismo, pensando ser motivação o egoísmo.

2 – É diplomático, calmo, paciente vivenciando com sabedoria a sensibilidade, as parcerias ou apenas a submissão com inseguranças, medos e preconceitos.

3 – Pode estar vivendo o lado artístico, social, criativo e comunicativo com alegrias, amigos, ou a melancolia, a inveja, intrigas e confusões de expressão.

4 – Pode ter feito a base sólida material com o trabalho árduo e organizado com disciplina ou vivenciado tiranias, controle, dominação desorganizada sem dinheiro e solidão.

5 – Pode estar vivendo a paz da liberdade interior, livre ou acompanhado, ser responsável, alegre, comunicativo, ou extravagante, sem dinheiro, ansioso e solitário, ser libertino, irresponsável, viciado e jogador.

158 | Numerologia Cármica – Conhecendo sua Missão de Vida

6 – Mesmo constante, dogmático, rotineiro e convencional com medo de aceitar o novo, mantém o lar em equilíbrio, a família e a casa com responsabilidade e harmonia. É sociável, amigo e bom anfitrião. Pode estar solitário por excesso de ciúmes, irresponsabilidades, sendo controlador.

7 – Pode estar no auge da sabedoria universal, analítico, crítico julgador e planejador, bem financeiramente, ou solitário, por reclusão espontânea devido à exigência de perfeccionismo.

8 – Financeiramente bem situado, família estruturada, hábitos saudáveis, ou egocêntrico, colhendo apenas doenças por frustrações e falso orgulho.

9 – Pode estar bem financeiramente, agir com altruísmo. Emocional equilibrado, com harmonia familiar ou vivendo em vitimização, raivas com solidão, depressão, frustração, inconformado por perdas de relacionamentos e finanças.

11/2 – Realizado materialmente e espiritualmente, ou submisso, vivendo a redução do número 2 sem sensibilidades com depressão, doente e frustrado.

22/4 – Trabalhador árduo com mente executiva e coração altruísta, é prático, lógico, realizado e inteligente a ponto de compreender que ajudar o próximo sem aguardar recompensas é um ato de amor incondicional que eleva sua luz e atrai excelentes condições nos níveis existenciais ou o frustrado assalariado e controlador, sem valores monetários, éticos ou social, porém orgulhoso.

A Numerologia Cármica trabalha até as 22 vibrações conforme as lâminas da taromancia dos arcanos maiores.

Caso a penúltima linha horizontal na pirâmide marque um número mestre devemos proceder à redução para um único dígito.

Os Números Mestres significam viver em extremos. 11, 22, 33, 44, 55, 66, 77, 88, 99, ou intensamente o construtivo, a realização física, material e espiritual ou a derrota, destruição até a exclusão Social.

As reduções pares (emocionais) 2, 4, 6, 8 e ímpares (mentais) 1, 3, 5, 7, 9 dos números mestres significam a oportunidade de aprendizado para viver a energia de vibração no construtivo, com a finalidade de, com sabedoria, eliminar os carmas que o destrutivo lhe acarreta.

Análise para a pirâmide de ano pessoal

Atenção: Apenas para a Pirâmide do Ano Pessoal.

- *Se na linha horizontal aparecer 99*: Somado e reduzido torna-se triângulo invertido e o número 9 significa que: haverá dinheiro e negócios altamente lucrativos, bem como facilidades de ganhos em jogos, mas apenas se na composição aparecer de 6 a 10 vezes na mesma pirâmide esse triângulo de 99 por redução de 9.

Para obter os números dos jogos devemos somar a linha por inteiro.

Se na sua pirâmide aparecer repetidamente:

- 10/1: É a oportunidade de recomeçar.
- 12/3: É a alegria no estado de ser, e o reencontro com a sabedoria total e universal.
- 13/4: É a transformação, a morte pela paralisação, ou o renascimento pela renovação. Demonstra tristezas e perdas afetivas. É um número cármico.
- 15/6: São alegrias familiares.
- 21/3: É o encontro com o eu interior, e conquista da sabedoria, exteriorizando as alegrias.

- 23/5: É a proteção de pessoa influente.
- 29/11 ou 2: Perceba a inveja e tenha cuidados com amigos falsos.
- 39/3: Tenha a percepção das fraudes por pessoas ligadas a seu meio social, perda de dinheiro adquirido.
- 47/11 ou 2: São associações lucrativas.
- 49/13/4: É a Morte de homem conhecido. É uma vibração cármica.
- 53/8: São viagens curtas.
- 56/11 ou 2: Casamento à vista.
- 58/4: Morte de mulher conhecida.
- 68/5: Mudança de residência.
- 96/6: Traição do cônjuge.
- 116/8: Podem estar te difamando.
- 181/1: Limitações por medo que a pessoa se impõe.
- 185/5: Recebimento de herança.
- 252/9: Viuvez.
- 259/7: Intrigas – boatos maldosos.
- 575/8: Mudanças impostas contra a vontade.
- 757/1: Crescimento através da renovação interior.
- 922/4: Em disputas sairá vitorioso.
- 923/5: Tem amigos sinceros.
- 925/7: Amigos e subordinados mostram-se sinceros.
- 1516/4: Queda com acidente grave.
- 1517/5: Momentos felizes.
- 1518/6: Separação ou divórcio.
- 1521/9: Morte violenta de parente.

Tabela de Interpretação para as Pirâmides Invertidas | 161

- 1523/2: Faça exames de prevenção e ou rotinas.
- 1618/7: Queda financeira – reconstrução do patrimônio.
- 1623/3: Novas oportunidades de negócios.
- 1718/8: Dificuldades financeiras.
- 2224/1: Pessoa idosa da família vem morar com você.
- 2317/4: Cuidados com cirurgia.

1234, 234, 456 – Se na sua pirâmide de ano pessoal aparecer repetidamente sequências de números ascendentes, tais como 1234, é o momento de dar créditos aos pensamentos progressistas. Não se esqueça de planejar as ideias antes de efetivar as ações.

321/6, 432/9, 543/3 – Se na sua pirâmide de ano pessoal aparecer repetidamente sequências numéricas descendentes, tal como 321, é o momento de rever os pensamentos regressivos ou atitudes destrutivas.

1212/6, 1221/6, 2121/6, 2211/6, 1122/6 – Se na sua pirâmide de ano pessoal aparecer repetidamente essas vibrações indicam que o pensamento atual é de harmonia vivencial, unir o pensamento equilibrado com as ações construtivas.

3131/8, 1331/8, 1313/8, 3311/8, 1133/8 – Se na sua pirâmide de ano pessoal aparecer repetidamente essas vibrações indica que está em construtividade. São pensamentos com manifestações de fluidez ou colheitas com reconhecimentos que estão em seu caminho.

4141/1, 1441/1, 1414/1, 4411/1, 1144/1 – Se na sua pirâmide de ano pessoal aparecer repetidamente indicam que pensamentos construtivos não estão em seu caminho. Falta de iniciativa, aperfeiçoamentos e de planejamentos para dar o início no projeto ou ideal.

5151/3, 1551/3, 1515/3, 5511/3, 1155/3 – Se na sua pirâmide de ano pessoal aparecer repetidamente indicam que uma mudança em seu caminho acaba de ocorrer em função de criar algo inédito e dizer ao mundo a que veio.

6161/5, 1661/5, 1616/5, 6611/5, 1166/5 – Se na sua pirâmide de ano pessoal aparecer repetidamente indicam que seus pensamentos estão fora de equilíbrio, pois houve desvio da meta e do seu caminho espiritual, vivência no supérfluo.

7171/7, 1771/7, 1717/7, 7711/7, 1177/7 – Se na sua pirâmide de ano pessoal aparecer repetidamente indicam que a lição foi aprendida em seu caminho espiritual. Que a reflexão e o uso da percepção levam ao reconhecimento e à perfeição; evite ser tão introspectivo, ouse dizer o que sente.

8181/9, 1881/9, 1818/9, 8811/9, 1188/9 – Se na sua pirâmide de ano pessoal aparecer repetidamente indicam que uma fase de sua vida está prestes a chegar ao fim. Não desanime, renove-se.

9191/2, 1991/2, 1919/2, 9911/2, 1199/2 – Se na sua pirâmide de ano pessoal aparecer repetidamente indicam a conclusão ou término por completo de uma situação ou de uma fase em seu caminho de vida.

2323/1, 2332/1, 2233/1 – Se na sua pirâmide de ano pessoal aparecer repetidamente indicam que o pensamento e o planejamento levam a um bom acordo dos objetivos planos ou ações pretendidas.

V

A Profissão de Numerólogo

Ética profissional e legislação

A Ética do numerólogo é o seu comportamento, costumes e hábitos. Ao profissional da numerologia cabe o sigilo de quem faz os estudos e a privacidade de seu cliente, ou seja, a ética de não comentar com outros, mesmo em casos de exemplificação, os resultados obtidos no estudo.

A Ética não é Lei, mas sim caráter.

O Numerólogo é o profissional da Numerologia, regulamentada como profissão isolada pela Lei Federal nº 5.167/2000 do Ministério do trabalho, com a data de comemoração em 19 de agosto, anualmente, conforme projeto de Lei nº 694/2008.

Proposituras_Projetodelei.doc
www.al.sp.gov.br/spl/2008/10/Propositura/12603111_811809_PL694.doc

Características da nova classificação

FAMÍLIA OCUPACIONAL: Astrólogos e Numérologos

CLASSIFICAÇÃO: 5167-05 – Astrólogos e cosmoanalistas

DESCRIÇÃO DA ATIVIDADE: orientam pessoas, organizações privadas ou públicas; fazem previsões com base na interpretação de configurações astrológicas. Pesquisam e elegem momentos e locais precisos para diversos objetivos. Podem ministrar cursos, dar consultoria e atuar nos meios de comunicação.

Condições gerais de exercício: trabalham em atividades ligadas aos serviços pessoais, no ensino, em empresas privadas ou públicas, fundações e instituições diversas, como autônomos ou empregadores, podendo formar equipe e organizar reuniões de trabalho para análises conjuntas. Trabalham em ambientes fechados, em diferentes locais e horários irregulares.

Formação e experiência: para essa família ocupacional é desejável que os profissionais tenham o ensino médio completo, cursos básicos de qualificação profissional que variam de duzentas a quatrocentas horas-aula e experiência entre três e cinco anos.

Áreas de atividade: fazer previsões; interpretar posições planetárias; estabelecer relações histórico-temporais; avaliar organizações; elaborar cálculos e gráficos; eleger momentos e locais precisos para determinados objetivos; pesquisar relação entre o Cosmo e o Homem e os fenômenos naturais.

Competências pessoais: demonstrar capacidade de abstração, de análise e síntese, de raciocínio lógico, de observação e de transmissão de conhecimento; capacidade de interpretar linguagem simbólica; apresentar raciocínio analógico; habilidade na interação com o público; empatia e sensibilidade; cultivar cultura geral; ética e sigilo; imparcialidade; respeitar o livre-arbítrio do cliente; tolerância; senso crítico; ministrar cursos.

Formação de um profissional
coaching da numerologia

Para a formação de um profissional de coaching é preciso estudar em um curso livre de capacitação profissional com duração de no mínimo 48 horas com certificado e juramento ético profissional, independe de formação acadêmica de nível superior. A formação deve ser feita por um profissional habilitado.

Faz parte do conteúdo programático o desenvolvimento do feeling pessoal, tanto a perceptiva quanto a intuitiva, a paciência e a linguagem expressiva. Um bom aprendizado insere esses conhecimentos, e as influências no contexto da vida rotineira os desafios e as conquistas.

Quando o estudo abrange a terapêutica como a metafísica e a psicossomática para complementar as análises das vibrações energéticas do mapa natal "O livro da Vida" a Numerologia identifica além do esperado trazendo à tona os mistérios dos bloqueios revelando novos caminhos de conhecimentos e reconhecimentos tornando o numerólogo formado um coaching da Numerologia que é o alinhamento ou equilíbrio entre o sucesso na vida profissional com a própria qualidade de vida, reorganizando inicialmente o numerólogo a vida pessoal e a dos em torno para irradiar o sucesso e a consequente reação. A capacitação, então, torna o profissional um Numeroterapeuta com a Numerologia de forma abrangente com a terapia da alma.

Palavra da autora

A minha intenção nunca foi escrever um livro sobre os carmas ou Numerologia Cármica, mas de repente senti essa vontade em oferecer, à especial turma de formação profissional de numerólogos pitagóricos, forma ou método de análise dentro do mesmo estudo e que esse "algo mais" pudesse aperfeiçoar nosso aprendizado.

Então, a partir daí, comecei a coletar, por meio de pesquisas, material, informações, dados adequando "aqui e ali", até o momento de compartilhar com outros o que meu coração intuiu e meu pensamento direcionou. Aqui está esta obra que escrevi com muito carinho.

Dedico a todos que compartilham o bem.

Namaskar.

Sueli Lucchi Di Leo
Terapeuta Holística
Facilitadora de Reiki e Numerologia
Reconhecimento profissional – ABRATH BR CRTH nº 0833
Terapeuta – Número Internacional – ITR 10.716 Vitalício

Bibliografia

JAVENE, Faith; BUNKER, Dusty. *A numerologia e o triângulo divino*. Ed. Pensamento.

Sites consultados:

http://sinarj.com.br/website/quem-somos/regulamentacao/book

http://www.portalbrasil.net/númerologia.htm

http://www.planetaesoterico.com.br/tarot/tarologia-e-taromancia/tarologia-e-taromancia.php

http://www.mestresdotarot.com.br/O-que-e-o-Taro-/taro/Oraculos/3.html

http://www.acasadonúmero.com.br/2009/10/númerologia-ausencia-do--número.html

http://www.al.sp.gov.br/spl/2008/10/Propositura/12603111_811809_PL694.doc

http://www.web-tarot.com/os-arcanos-maiores/o-louco.html

http://meumestreinterior.blogspot.com/2013/08/a-númerologia-e-as--motivacoes-da.html#sthash.FuoRso5X.dpuf

http://somostodosum.ig.com.br/clube/artigos.asp?id=32642

Dicas de leitura

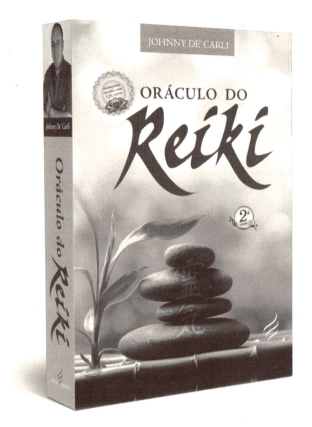

ORÁCULO DO REIKI
LIVRO + BARALHO COM 125 CARTAS
Johnny De' Carli

O Mestre Johnny De' Carli ministra cursos e palestras em várias cidades do Brasil e da Europa, e durante suas viagens constatou que vários mestres utilizavam, de forma bem artesanal, os 125 poemas recomendados por Mikao Usui para a arte divinatória e também como interface para acessar mensagens do "Alto". Sendo assim, apresentamos o "Oráculo do Reiki", uma ferramenta muito útil para quem procura o crescimento pessoal, espiritual e emocional.